Typisch Mensch

Typisch Mensch

Einführung in die Typentheorie

3., überarbeitete Auflage

von

Richard Bents und Reiner Blank

BELTZ TEST

Beltz Test GmbH · Göttingen

Bibliografische Information Der Deutschen Bibliothek

Die Deutsche Bibliothek verzeichnet diese Publikation in der Deutschen Nationalbibliografie; detaillierte bibliografische Daten sind im Internet über http://dnb.ddb.de abrufbar.

Rohnsweg 25, D-37085 Göttingen

3., überarbeitete Auflage

http://www.hogrefe.de
Aktuelle Informationen • Weitere Titel zum Thema • Ergänzende Materialien

---

Karikaturen: Werner „Tiki“ Küstenmacher, Gröbenzell
Satz: Grafik Design Fischer, Weimar
Druck: AZ Druck und Datentechnik GmbH, Kempten
Printed in Germany
Auf säurefreiem Papier gedruckt

Best.-Nr.: 04 110 04
ISBN 3-8017-1834-4

Inhaltsverzeichnis

1 Einführung

Persönlichkeit ist kein starres und unveränderliches System. Stress formt und prägt – oder lähmt – die Entwicklung von Persönlichkeit. Wie beides aufeinander wirkt und sich dynamisch zueinander verhält, darum geht es in diesem Buch. Der *Golden Profiler of Personality* identifiziert individuelle Persönlichkeitspräferenzen und die ganz eigene Disposition zu Stress bzw. Situationen, die Stress auslösen.

1.1 Profiler – ... mehr als ein Test

Der *Golden Profiler of Personality* (GPOP) ist mehr als ein Test. Wir möchten Sie mit einem der seriösesten und angesehensten Instrumente für die Bereiche Personal, Fortbildung von Führungskräften, Management, und Organisation (OE) bekannt machen.

Seit Jahren gehört der Profiler zu den anerkannten und weit verbreiteten Instrumenten im Bereich Unternehmensführung im fremdsprachigen Raum. Namhafte Unternehmen wenden den Profiler an. Seit Oktober 2004 steht der Persönlichkeitsfragebogen in einer geprüften deutschen Version zur Verfügung, die wir für den deutschen Markt entwickelt haben (Golden, Bents & Blank, 2004).

Der Profiler eröffnet den Zugang zu den komplexen Zusammenhängen einer Person, eines Teams, eines Betriebs. Denn wenn Teamarbeit nicht klappt und wenn bei innerbetrieblichen Veränderungen Mitarbeiter nicht kooperieren, dann bedeutet das in vielen Fällen mehr als nur Sand im Getriebe. Friktionen, Ablaufhemmungen und Reibungsverluste beeinflussen in letzter Konsequenz die Rentabilität des Unternehmens.

Wir laden Sie ein, den praktischen Nutzen des Profilers und der Typentheorie kennenzulernen.

1.2 „Typisch ..."

Herr S. legt Wert auf Genauigkeit. Er sitzt morgens pünktlich um 8:15 Uhr an seinem Schreibtisch. Frau N., seine Kollegin, die wieder einmal ein paar Minuten später kommt, spürt seinen kritischen Blick – auch wenn Herr S. nicht von seiner Akte aufschaut. Sie ärgert sich. Er scheint ganz bewusst nach Fehlern zu suchen – und findet tatsächlich ständig irgendetwas ... Heute morgen hat sie ihrem Chef auf der Treppe gesagt, dass sie gern in einer anderen Abteilung arbeiten möchte.

Herr S. ist in seiner Umgebung bekannt dafür, dass er sich auf seine Aufgaben konzentriert, die Probleme gern klar definiert haben möchte, auf Einzelheiten und Fakten achtet. Er gilt bei den Mitarbeitern als ein kühler, distanziert wirkender Analytiker. Frau N. dagegen findet die Routinearbeiten, in die sich Herr S. vertiefen kann, geisttötend. Sie zieht es vor, an mehreren Sachen gleichzeitig zu arbeiten. Im Gegensatz zu Herrn S. freut sie sich auf die Kaffeepause, weil sie dann mit den Kollegen von der Nachbarabteilung zusammen sein kann. Sie meint, wenn die Atmosphäre im Betrieb nicht mehr stimmt, dann ist dies der Anfang vom Ende. Herr S. kennt dagegen Geschichten, die belegen, dass durch Nachlässigkeit im Detail schon manche große Sache verdorben wurde. Vom „guten Geist" in der Nachbarabteilung hält er nicht viel, weil er dort einen gewissen Schlendrian vermutet – überzogene Kaffeepausen, Gespräche während der Arbeit, usw. Er kann sich nicht vorstellen, dass er mit seinem Drang, klare Strukturen zu schaffen, Ängste und Ärger bei Frau N. auslöst. Die Geschichte geht weiter. Sie lässt sich in vielen Variationen durchspielen.

In der Psychologie des Alltags genügt eine hervorstechende Eigenschaft, um in der Meinung seiner Umgebung als ein „typischer Pedant" oder als „oberflächlich" zu gelten. Gedankenlos spricht man von den *typischen* Gelehrten, vom *typischen* Beamten – ganz zu schweigen von den *typischen* Deutschen. Solche Verallgemeinerungen sind unqualifiziert und in keiner Weise hilfreich. Sie stecken Menschen in Schubladen und verbessern weder die Kommunikation noch wird dadurch Zusammenarbeit und Zusammenleben gefördert. In diesem Buch sprechen wir auch von Typen – aber anders.

Wir stellen zunächst fest: Menschen können typisiert werden. Es geschieht tagtäglich. Ständig und überall kategorisieren und bestimmen wir typische Verhaltens- und Persönlichkeitsmuster.

Keine Frage: Jede Person hat bestimmte Neigungen, die immer wieder ihr Verhalten in Alltagssituation beeinflussen. Wir beschäftigen uns in diesem Buch mit der Frage, wie Menschen, die miteinander arbeiten und leben, ihre Neigungen so einsetzen können, dass Beziehungen mit anderen Menschen verbessert werden und eine gute Zusammenarbeit möglich wird.

Wir hoffen und erwarten, dass Sie beim aufmerksamen, kritischen Lesen dieses Buches die Wahrnehmung für Ihre eigenen typischen Verhaltensweisen schärfen können. In dem Maße werden Sie auch ein Gespür für die Präferenzen anderer Menschen in ihrer Umgebung bekommen.

Jeder von uns entwickelt im Laufe seines Lebens bestimmte Einstellungen und Neigungen. Eine gesunde psychische Entwicklung hängt davon ab, wie jemand diese Neigungen im Verlauf seines Lebens fördert und entwickelt.

Wer Unterschiede zwischen verschiedenen Personen bewusst wahrnimmt, über seine eigenen Neigungen bzw. Präferenzen Bescheid weiß und die der anderen erkennt, respektiert und in sein persönliches Verhalten einbezieht, wird in seiner Umgebung besser zurechtkommen – sei es im Beruf oder im Privatleben. Männer und Frauen können dazu beitragen, dass in ihrer Umgebung eine konstruktive und positive Beziehungskultur entsteht. Dabei kann die Psychologie, die ein vertieftes Verständnis der verschiedenen Typen und Profiles ermöglicht, hilfreich sein.

Wie schon gesagt, das Typisieren, Identifizieren von Profilen, Einteilen und Kategorisieren von Menschen geschieht ständig und überall. Bei einer Geburtstagsfeier erinnert Sie vielleicht das Verhalten einer bestimmten Person an eine gute Freundin oder an den eigenen Vater. Gewisse Züge erinnern an etwas Typisches. Jeder von uns stellt bei sich selbst typische Verhaltensmuster fest: Der eine braucht Termine und klare Absprachen, um sein Tagesziel zu erreichen; ein anderer fühlt sich durch vorgegebene Abläufe eingeengt, will flexibel bleiben und ihn stört das Chaos in seiner Umgebung nicht.

Im Alltag entstehen Reibungsverluste wie bei Herrn S. und Frau N., und zwar meistens auf Grund unterschiedlicher Präferenzen. Diese verursachen positive oder negative Spannungen zu Menschen, die anders sind. Zum Beispiel bei der gemeinsamen Urlaubsplanung eines Ehepaars: *Sie* stellt sich für den Urlaub vom Stress eine einsame Insel vor, wo sie endlich *in sich* gehen kann. Die einsame Insel löst bei *ihm* dagegen Horrorvorstellungen aus. Er braucht die Partystimmung oder eine Bergwanderung.

1.3 Worum es in diesem Buch geht

Unsere Absicht ist es, Ihnen dabei zu helfen, Persönlichkeitstypen und Persönlichkeitsprofile herauszufinden und selbst zu entdecken, ob sie dazu beitragen, eine komplexe Wirklichkeit besser zu verstehen. Wir benutzen dazu ein zuverlässiges und bewährtes Instrument – den Golden Profiler of Personality.

Dieses Buch dient zunächst der Selbsteinschätzung. Es hilft Ihnen, bewusst wahrzunehmen, wie Sie Ihre Umwelt wahrnehmen und wie Sie Entscheidungen treffen. Schnelle Rezepte für bestimmte Situationen werden Sie in diesem Buch nicht finden. Auf solider Grundlage der systematischen Typenpsychologie erhalten Sie jedoch Zugänge, die Ihnen komplexe Zusammenhänge erschließen können. Sie sind erprobt, bewährt – und in vielen Bereichen anwendbar.

Wir bitten Sie, uns geduldig Schritt für Schritt zu folgen – auch wenn es manchmal sehr theoretisch erscheint. Wenn Sie die komplexen Zusammenhänge wahrnehmen, werden ihnen die konkreten Anwendungen am Schluss dieses Buches einleuchten.

Wir, die Autoren, möchten etwas über *Identität* einer Person vermitteln. Kann man überhaupt von bestimmten, individuellen Eigenschaften reden, die jeder von uns immer wieder und bevorzugt in seinen Beziehungen zu anderen zeigt? Gibt es Vergleichbares und Verwandtes im Verhalten von unterschiedlichen Personen?

Erwarten Sie bitte nicht, dass Sie ein Rezept für ein bestimmtes Rollenverhalten lernen können, „wie Sie erfolgreich sein oder Ihr Leben in den Griff bekommen können". Wir möchten Ihnen vielmehr eine Möglichkeit zeigen, wie Sie Ihre eigenen, persönlichen Präferenzen in den Blick bekommen und Ihre Wahrnehmung für persönliche Stärken und das unverwechselbar Individuelle in jedem Menschen schärfen können. Kurz: Ziel ist, sich selbst besser zu erkennen bzw. das „Typische" im eigenen Persönlichkeitsprofil.

Für ein solch zentral menschliches Anliegen gibt es keine Weltformel. Wer das behauptet, betrügt. Wir möchten Sie einladen, eine Art Weg miteinander zu gehen. Wir bieten eine bewährte Landkarte – das ist die Theorie, die wir vorstellen. Sie selbst sind die kritische Instanz und müssen immer wieder für sich selbst deuten und entscheiden, ob die Richtung stimmt. Die beste Methode ist zweifellos das persönliche Beratergespräch. Die zweitbeste ist eine verständliche Darstellung, die zum Nachdenken anregt. Das möchten wir anbieten.

Wenn es um Selbsterkenntnis geht, besagt eine Grunderkenntnis der Psychologie, dass psychische Gesundheit eng mit einer relativ guten Selbsteinschätzung und Selbstakzeptanz zusammenhängt. Um gesund zu sein, um andere richtig einschätzen zu können oder um bei sich selbst etwas zu verändern, müssen wir zunächst uns selbst kennen. Man kann sagen: *Typisieren* – denn darum geht es im Folgenden – ist eine Hilfe auf dem Weg zum eigenen Selbst. Typisieren und Profil hat nichts mit Stereotypen oder Schubladendenken zu tun, sondern hilft, anhand von objektivierbaren Eckdaten die Dynamik einer Person zu verstehen. Die Eckdaten gewinnen wir mit Hilfe eines bewährten Instruments.

In den letzten Jahrzehnten sind viele Methoden entwickelt worden, sich selbst und andere zu orten. In diesem Buch möchten wir in den Golden Profiler of Personality einführen. Der Golden Profiler of Personality (im Folgenden kurz GPOP oder Profiler genannt) ist ein bewährtes Instrument für psychologische Beurteilung und wird angewendet, wenn es darum geht, etwas über sich selbst zu erfahren. Er wird eingesetzt zur Schulung von Führungskräften und in der Berufsberatung, in sozialen Einrichtungen und Industrieunternehmen. Der Profiler vermittelt Zugang zur eigenen Persönlichkeit. Er zeigt Wege zu einer optimalen Teamarbeit oder wie man die Kommunikation untereinander verbessern kann.

1.4 Von empirischen Beobachtungen zur Typologie

Eine Typologie beruht auf empirischen Beobachtungen. Philosophische Typenlehren sind schon in der Antike bekannt. Typologien waren immer das Ergebnis einer intensiven Beobachtung von Mensch und Natur. So lehrte zum Beispiel Hippokrates (460–377 v. Chr.), der bedeutendste Arzt seiner Zeit, dass es entsprechend den vier Grundelementen Luft, Wasser, Feuer, Erde vier menschliche Temperamente gebe, die infolge unterschiedlicher Mischung von Körpersäften zu Stande kommen. Zweihundert Jahre nach ihm ordnete der römische Arzt Galenus dieser Idee vier Typen zu, die uns noch heute geläufig sind. Wir sprechen vom *Sanguiniker*, *Phlegmatiker*, *Choleriker* und *Melancholiker*. Diese Bezeichnungen hat der alte Galenus populär gemacht. Keine Frage, das Weltbild der Urväter der Typenlehren ist uns fremd. Wir müssten uns intensiv mit der Antike befassen, um die interessanten Lehren der Philosophen zu verstehen. Wir bleiben deshalb in unserem eigenen Jahrhundert.

Unter den modernen Typenlehren nimmt Ernst Kretschmer den prominenten Platz ein. Sein grundlegendes Werk heißt „Körperbau und Charakter“[1]. Schon der Titel verrät, dass es Kretschmer um den Zusammenhang zwischen der physischen Konstitution eines Menschen und seiner psychischen Struktur (Persönlichkeit) ging.

Kretschmers System ist sehr umfangreich und vielseitig. In der Einleitung seines berühmten Buchs zitiert er die Volksweisheit, die den Zusammenhang von Temperament und äußerem Erscheinen als Karikatur kennt:

„Der Teufel des gemeinen Volkes ist zumeist hager und hat einen dünnen Spitzbart am schmalen Kinn, während die Dickteufel einen Einschlag von gutmütiger Dummheit haben. Der Intrigant hat einen Buckel und hüstelt. Die alte Hexe zeigt ein dürres Vogelgesicht. Wo es heiter und saftig zugeht, da erscheint der dicke Ritter Falstaff, rotnasig und mit spiegelnder Glatze. Die Frau aus dem Volk mit gesundem Menschenverstand zeigt sich untersetzt, kugelrund und stemmt die Arme in die Hüften. Heilige erscheinen überschlank, langgliedrig, durchsichtig, blass und gotisch.

Kurz und gut: Die Tugend und der Teufel müssen eine spitze Nase haben und der Humor eine dicke. Was sagen wir dazu? Zunächst nur so viel: es könnte sein, dass Dinge, die die Fantasie der Völker in jahrhundertlangen Traditionen auskristallisiert, objektiv völkerpsychologische Dokumente wären, Niederschläge von Massenbeobachtungen, auf die vielleicht auch für den Forscher ein kleiner Seitenblick sich verlohnt.“[2]

So beginnt Kretschmer sein Werk „Körperbau und Charakter“. Es ist das Ergebnis seiner empirischen Untersuchungen, die er über viele Jahre durchgeführt und in

1 Ernst Kretschmer, Körperbau und Charakter, 1. Auflage: 1921.
2 Kretschmer, S. 1.

denen er Zusammenhänge überprüft hatte. Bei Menschen mit einem bestimmten Körperbau sah er vergleichbare und typische Verhaltensweisen. So entwickelte er anhand von Beobachtungen bestimmte Modellvorstellungen oder Typen. Kretschmers Grundgedanke war, dass zwischen Körperbau und psychischer Struktur eines Menschen ein Zusammenhang besteht.

Kretschmer gründete seine Typologie zunächst auf Beobachtungen bei Psychiatriepatienten. Später stellte er fest, dass sich auch bei psychisch Gesunden Zusammenhänge zwischen Körperbau und entsprechenden Persönlichkeitsmerkmalen nachweisen lassen. Wie bei allen Typenbetrachtungen findet man bei der Kretschmerschen Typenlehre die Reinkultur eines Typs nur auf dem Papier – oder fachsprachlich gesagt: nur in den verdichteten Formen der individuellen Eigenschaften. Der Gelehrte weiß von den unscharfen Mischformen des Typs. Aber die Tendenz in die eine oder andere Richtung der Typenbeschreibung ist offensichtlich und nachweisbar.

Wir halten bei Kretschmer fest: Anhand empirischer Beobachtungen können bestimmte Körperformen ermittelt werden. Man kann sie in Typen einteilen. Kretschmer hat seine Beobachtungen ausgedehnt: Er bezog typische Verhaltensweisen und Persönlichkeitsmerkmale mit ein. Auf Grund seiner empirischen Untersuchungen schloss er auf einen Zusammenhang zwischen Körperbau und psychischen Eigenschaften.

Wir wollen uns an dieser Stelle nicht mit den Einzelheiten seiner Körperbautypen oder der erwähnten Eigenschaften beschäftigen. Uns kommt es auf eines an: *Beobachtungen von Verhaltensmustern und besondere körperliche Merkmale können zu differenzierten psychologischen Typen führen.* Dies zu Ernst Kretschmer.

Wir beschäftigen uns im Folgenden mit *psychischen Prozessen*, wie sie der Schweizer Arzt und Psychoanalytiker Carl Gustav Jung beschrieben hat. Der Golden Profiler of Personality beruht auf der Theorie Jungs und ist das praktische und effektive Instrument, das uns zu einer Einteilung oder Typisierung von Personen verhilft.

Im Jahre 1921 erschien Jungs Buch „Psychologische Typen“[3], das später die Grundlage für den Myers-Briggs Typenindikator wurde. Die neueste Bearbeitung von Jungs Theorie unternahm John Golden (Ringenbach & Golden 2000) unter dem Titel Golden Profiler. Jung hatte in 20-jähriger Arbeit im Bereich der praktischen Psychologie Erfahrungen und Eindrücke gesammelt. Im Umgang mit Menschen aller sozialen Schichten und „aus der Kritik der psychologischen Eigenart meiner selbst“ – wie er in der Vorrede seines Buches betont – hatte er Erkenntnisse gewonnen, die er dem gebildeten Laien zugänglich machen wollte.

3 Carl Gustav Jung, Psychologische Typen, 1. Auflage: 1921; 16. Auflage: 1989.

2 Ausgangspunkt für den Golden Profiler of Personality (GPOP)

Jung wollte ein normatives Verständnis von menschlichem Verhalten beschreiben. Eine solche Vorstellung, dass es im Verhalten einer Person so etwas wie eine Steuerung oder Richtschnur gibt, widerstrebt zunächst unserem Zeitgefühl von Freiheit und Individualität. Jung selbst sah in seiner Anschauung von *genormtem Verhalten* überhaupt keinen Widerspruch zur Überzeugung, dass jeder Mensch ein unverwechselbares Individuum ist.

Jeder Mensch ist einzigartig. Jeder Mensch unterscheidet sich von jedem Anderen. Davon ging Jung aus. Aber es gibt – so Jung – gewisse *Funktionen* im menschlichen Verhalten, die gleich sind und auf Grund derer man voraussagen kann, wie sich eine Person verhalten wird. Es kommt auf die *Präferenzen* an, die der Einzelne hat. Die Vorstellung von Präferenzen bzw. Neigungen bildet die Grundlage von Jungs Typentheorie. Auf eine einfache Formel gebracht heißt das: Jeder Mensch hat eine bestimmte, bevorzugte Weise, in der er *wahrnimmt* und *beurteilt*. Wahrnehmung und Beurteilung werden in der Fachsprache *Funktionen* genannt. Es gibt jeweils zwei Arten des Wahrnehmens und Beurteilens.

Man kann entweder über die fünf Sinne (*Sinneswahrnehmung*) oder intuitiv wahrnehmen (*intuitive Wahrnehmung*).

Man beurteilt entweder analytisch (*analytisches Entscheiden*) oder gefühlsmäßig bzw. anhand persönlich subjektiver Kategorien (*wertorientiertes Entscheiden*).

Die zwei Funktionen (Wahrnehmen und Entscheiden) mit ihren jeweils zwei Aspekten führen entsprechend zu vier Grundmustern.

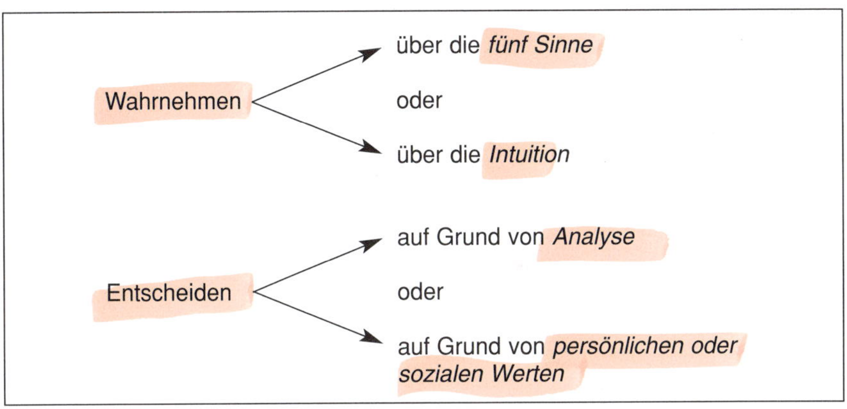

Jung geht einen Schritt weiter und macht darauf aufmerksam, dass die Funktionen weitgehend von der *Einstellung* beeinflusst werden, mit der jemand die Welt erlebt:

Man hat entweder eine Präferenz für die *Außenwelt* der Mitmenschen und Dinge und spricht dann von einer außenorientierten bzw. extravertierten Einstellung, oder eine Präferenz für die *Innenwelt* der Ideen und Gedanken und spricht dann von einer innenorientierten bzw. introvertierten Einstellung.

Nun ergeben sich in Kombination mit Wahrnehmen und Entscheiden schon acht Persönlichkeitstypen, die sich auf drei Ebenen oder Skalen verteilen – nämlich:

- der extravertierte und der introvertierte,
- der über seine fünf Sinne wahrnehmende und der intuitiv wahrnehmende,
- der analytisch beurteilende und der anhand von sozialen Werten urteilende Typus.

Hinweis: Wir sprechen von *acht* Typen, weil jede der beiden wahrnehmenden und beurteilenden Funktionen in einer extravertierten *oder* introvertierten Einstellung auftreten kann. Das heißt, die Sinneswahrnehmung kann entweder nach außen (1) oder nach innen (2) gerichtet sein, die intuitive Wahrnehmung kann entweder nach außen (3) oder nach innen (4) gerichtet sein; ebenso kann die analytische Beurteilung nach außen (5) oder innen (6) gerichtet sein und die wertorientierte Beurteilung gleichermaßen nach außen (7) oder innen (8).

Im Verlauf der weiteren Forschung zu dieser Theorie erkannte man, dass jede Person eine bestimmte *dominante* Funktion hat. Könnte man diese herausfinden, hätte man einen weiteren Zugang zu der komplexen Dynamik der Persönlichkeit. Isabel Myers und Katherine Briggs beschäftigten sich intensiv mit dieser Frage. Sie ergänzten das Modell schließlich mit einer vierten Skala, welche die *Einstellung* zu den Funktionen Beurteilung und Wahrnehmung beschreibt. Anhand dieser Skala konnte man die Haupt- und Nebenfunktion unterscheiden und so einen Persönlichkeitstyp noch differenzierter charakterisieren. Der Profiler benutzt diese Skala auch.

Isabel Briggs-Myers ergänzte Jungs Einteilung entsprechend um eine weitere Skala. Diese zusätzliche vierte Skala, die Katherine Myers 1962 entwickelte, ist kein Zusatz zu Jungs Theorie der Persönlichkeitstypen, sondern verdeutlicht sie lediglich.

Interessanterweise bleibt die *Vierer*-Vorstellung erhalten (denn in der Kombination der vier Skalen sind nun 16 Variationen möglich). Es ist wie ein Mandala – diese uralte Vorstellung, nach der menschliches Verhalten in vier Bereiche oder Richtungen typisiert wird. Ein Mandala ist ein Symbol, das einen Weltsinn und geistige Zusammenhänge verdeutlicht. Es dient ursprünglich dazu, sich selbst und die Welt besser zu verstehen.

Der Profiler misst darüber hinaus, wie einzelne Menschen auf Stress reagieren. Die unterschiedliche Reaktion hat etwas mit dem je individuellen Persönlichkeitsprofil zu tun. Wie Stress sich auf Verhalten auswirkt, kann auf Grund der gewonnenen Einsichten in das eigene Profil erschlossen werden.

Auf den folgenden Seiten möchten wir eine verständliche Einführung zum Profiler und in die Typentheorie bieten. Wir erklären, wie man zu einem Persönlichkeitsprofil kommt und Präferenzen herausfindet. Im letzten Teil wird es konkret, wenn wir auf einige praktische Anwendungsmöglichkeiten des Profilers in beruflichen sowie alltäglichen Stresssituationen hinweisen.

Dieses Buch endet, wo wir alle anfangen möchten. Vielleicht möchten Sie sogar den letzten Teil zuerst lesen. Dafür ist aber etwas Grundwissen nötig. Wenn Sie sich erst einmal mit den Ideen vertraut gemacht haben, zeigt sich die Nützlichkeit von selbst. Es ist ein Schritt auf dem Weg, sich selbst besser zu verstehen.

3 Die Typentheorie, die dem Golden Profiler of Personality zu Grunde liegt

3.1 Einleitung

- „Möchten Sie fair behandelt werden?"
- „Brauchen Sie ab und zu Lob und Anerkennung?"
- „Haben Sie Schwierigkeiten mit ihren Untergebenen? mit Ihren Freunden? Ihrem Chef? oder einer Person, die Ihnen wichtig ist? Frustriert Sie eine taktlose Antwort?"
- „Irritiert es Sie, wenn andere die Fakten nicht auf den Tisch legen können?"
- „Möchten Sie gerne wissen, warum Sie diese Fragen so beantwortet haben, wie Sie es getan haben?"

Die Typenlehre gibt darüber wichtige Aufschlüsse.

Jeder Mensch unterscheidet sich vom anderen. Jeder hat seine eigenen Vorlieben, Vorzüge und Präferenzen. Bei aller Vielfalt finden wir jedoch auch gewisse Gemeinsamkeiten. Mit einigen Menschen können wir gut kommunizieren, während uns von anderen Welten zu trennen scheinen.

Beim Profiler benutzen wir einen 4-Buchstaben-Code, um Präferenzen zu bestimmen. Es ist klar, dass eine solche Festlegung die Einmaligkeit eines jeden Menschen zunächst nicht angemessen berücksichtigt. Aber es ist ein erster wichtiger Schritt, sich selbst und andere besser zu verstehen – und führt letztendlich dazu, sich der eigenen Einmaligkeit *bewusst* zu werden. Konkret geschieht dies im Alltag, indem jeder seine Eigenschaften im Umgang mit anderen bewusst einsetzt.

Menschen unterscheiden sich voneinander. Individuelle Unterscheidungsmerkmale sind offensichtlich: Angefangen bei unterschiedlichen Vorstellungen, über unterschiedlichen Geschmack, was Dinge und Sachen angeht, bis hin zu unterschiedlichen Vorgehensweisen und unterschiedliche Arten, das Leben zu genießen.

Im alltäglichen Umgang miteinander fällt auf, dass jeder seine bevorzugte Fasson hat, die Welt so oder so zu sehen, Entscheidungen so oder so zu treffen. Der Profiler ist die praktische Umsetzung von C. G. Jungs Typentheorie. Jung ging davon aus, dass viele scheinbar unverständliche Unterschiede im menschlichen Verhalten durchaus geregelt und in sich konsequent sind. Typische Muster erkennt man vor allem darin, wie jemand seine Umwelt wahrnimmt und welche Schlüsse man aus dem Wahrgenommenen zieht.

Der Profiler bestätigt zunächst die Grundpräferenz einer Person, wie sie wahrnimmt und entscheidet. Im zweiten Schritt geht es um den praktischen Nutzen dieser Präferenzen in verschiedenen Bereichen – in Beziehungen, am Arbeitsplatz, in Fragen der eigenen Berufslaufbahn oder beim Lernen.

Wir möchten zeigen, wie Typentheorie im täglichen Leben helfen und nützlich sein kann. Herr S. und Frau N., die wir am Anfang dieses Buches vorgestellt haben, könnten am Arbeitsplatz besser miteinander auskommen, wenn sie ihre persönlichen Neigungen im Licht der Typentheorie verstehen würden. Dann würde ihnen klar werden, dass sie beide die Wirklichkeit unterschiedlich wahrnehmen. Sie würden schnell einsehen, wie nützlich die eine Weise der Wahrnehmung für bestimmte Aufgaben sein kann, und die andere Neigung sich besonders vorteilhaft für andere Aufgaben eignet. Die Theorie würde ihnen nahe legen, dass beide Sichtweisen notwendig sind, um eine gemeinsame Aufgabe produktiv und effektiv zu lösen. Der Profiler vermittelt einen schnellen und zuverlässigen Zugang zu diesen Einsichten.

3.2 Voraussetzungen der Typentheorie

Jung hat aus seinen Beobachtungen von menschlichem Verhalten bestimmte Hypothesen entwickelt und darauf die Typentheorie aufgebaut. Die Typentheorie geht von folgenden Voraussetzungen aus:

- *Menschliches Verhalten ist nicht zufällig.* Auch wenn Verhalten manchmal willkürlich zu sein scheint, sind bestimmte Muster zu erkennen.
- *Daher ist menschliches Verhalten klassifizierbar.* Psychologische Typen beschreiben Muster für die Art und Weise, wie Menschen bevorzugt Informationen aufnehmen und Entscheidungen darüber treffen. Die Typentheorie geht davon aus, dass jede psychische Aktivität in vier Prozesse aufgeteilt werden kann: zwei Wahrnehmungsprozesse (über die Sinne und über die Intuition) und zwei Entscheidungsprozesse (analytisches und wertorientiertes Entscheiden).
- Unterschiede im menschlichen Verhalten resultieren aus *Präferenzen.* Wir verhalten uns so und nicht anders, weil wir bestimmte Präferenzen haben. Andere verhalten sich anders, weil sie andere Präferenzen haben.
- Präferenzen beziehen sich auf *Grundfunktionen unserer Persönlichkeit*, die wir unser Leben lang ausüben. Meistens bleiben diese Präferenzen ziemlich unverändert. Die Ausprägung einer Präferenz mag sich ändern, aber ihre Ausrichtung bleibt gleich.
- *Präferenzen entstehen früh im Leben* und bilden die Grundlage unserer Persönlichkeit. Die Typentheorie stellt fest, dass Individuen mit Neigungen für bestimmte Präferenzen geboren werden. Je mehr man seine Präferenzen einsetzt, umso mehr bilden sie sich aus und festigen unsere Persönlichkeit. Selbstverständlich spielt die Umwelt eine einflussreiche Rolle. Sie kann die natürlichen Präferenzen unterdrücken oder fördern.

Theoretisch könnte man auch Kleinkinder typisieren. Aber der Profiler ist für Erwachsene und Heranwachsende konzipiert.

- Wenn bestimmte Lebensfragen auftauchen, werden sie stets über die Grundpräferenzen vermittelt. *Präferenzen „diktieren" uns*, wie wir die Welt erleben und wie wir Entscheidungen treffen. Zwei Menschen können auf ein und denselben Reiz ganz unterschiedlich reagieren.
- Die Präferenzen spielen eine wesentliche Rolle, ob und wie wir von Menschen, Aufgaben oder Ereignissen angezogen oder abgestoßen werden. Wir können „typisiert" werden. Das heißt, *unser Persönlichkeitstyp kann uns im Voraus sagen, was uns befriedigt und stimuliert* und gleichzeitig feststellen, *was uns irritiert und frustriert*.

Die Typentheorie geht von zwei grundsätzlichen Vorstellungen aus: *Gegensätzlichkeit* und dynamisches Gleichgewicht. Gegensätzlichkeit ist in der Psyche angelegt. Jung beschreibt in seiner Theorie der psychologischen Typen jede bewusste psychische Aktivität in zwei Wahrnehmungsprozessen (über die Sinne und intuitiv) und zwei Beurteilungsprozessen (analytisch und wertorientiert). Sinneswahrnehmung und Intuition stehen im Gegensatz zueinander. Ebenso analytische und wertorientierte Entscheidungstypen. Im Alltag spielen diese Gegensätze eine erhebliche Rolle bei Meinungsverschiedenheiten und Konflikten.

Beispiel: Wenn jemand eine Präferenz für Sinneswahrnehmung zeigt, bedeutet das, die betreffende Person hat ihre Wahrnehmungsfähigkeit über die fünf Sinne gut entwickelt und verlässt sich darauf. Intuitives Wahrnehmen ist bei derselben Person dagegen weniger entwickelt und sie wird sich nicht auf ihre Intuition verlassen. Tendenziell wertet man die andere Seite ab. So werden die psychischen Gegensätze oft zu einem Kampfplatz in der Außenwelt.

Das ist keineswegs aus der Luft gegriffen. Vielmehr wird hier eine allgemeine menschliche Erfahrung beschrieben. Wenn man sich nämlich bewusst auf Wahrnehmen über die fünf Sinne konzentriert, kann man nicht gleichzeitig intuitiv wahrnehmen – und umgekehrt. Selbstverständlich kann man von einer Seite zur anderen wechseln. Aber man kann sich nicht auf beide gleichzeitig konzentrieren. Und so konzentriert sich der eine oder die andere auf die Wahrnehmung über die Sinne und entwickelt entsprechende Fähigkeiten in diesem Bereich – aber auf Kosten der Intuition.

Die psychischen Kräfte erfährt man nicht nur in der Spannung der Gegensätze. Die Persönlichkeit strebt gleichzeitig ein *dynamisches Gleichgewicht* an. Das heißt, die Präferenzen wirken nicht gegeneinander, sondern zielen auf eine Koordination. Im Laufe der persönlichen Entwicklung fordern auch die nicht beachteten Neigungen eine bewusste Aufmerksamkeit. Darüber mehr im fünften Kapitel, in dem es um den Stellenwert der einzelnen Funktionen gehrt.

Bisher haben wir hauptsächlich von den Funktionen gesprochen. Wir erinnern daran, dass es neben Wahrnehmung und Beurteilung noch einen weiteren Aspekt der Persönlichkeitsstruktur gibt, der mit Einstellung und Motivation zu tun hat. Die entsprechende Präferenz beschreibt den Nährboden, aus dem die Person ihre Energien gewinnt. Die Typentheorie beschreibt dieses Kraftfeld als *Außenorientierung/Extraversion* bzw. *Innenorientierung/Introversion.* Extraversion und Introversion sind ebenfalls zwei gegensätzliche Pole.

Myers (1962) ergänzte – wie schon angedeutet – Jungs Theorie der psychologischen Typen und führte eine vierte Dimension ein – die *Einstellung zur Außenwelt.* Sie zeigt an, ob die Person in ihrem Lebensstil zur Offenheit oder zur Geschlossenheit hin neigt. Sie dient uns später außerdem dazu, die dominante und die nebengeordnete Funktion sowie eine Präferenz für Offenheit oder Geschlossenheit zu bestimmen. Im Folgenden wollen wir die vier Skalen oder Dimensionen näher bestimmen. Golden (2000) setzte in der Entwicklung des Golden Profiler of Personality ebenfalls die Dimension der vierten Skala „Lebensstil" ein.

3.3 Die vier Grunddimensionen (Globalskalen)

Der Profiler hat vier Grunddimensionen (Globalskalen), aus denen sich 16 Persönlichkeitstypen ergeben.

Extraversion (Außenorientierung)	⟷	Introversion (Innenorientierung)
Sinneswahrnehmung	⟷	Intuitive Wahrnehmung
Analytische Entscheidung	⟷	Wertorientierte Entscheidung
Strukturorientierung	⟷	Wahrnehmungsorientierung

Jeder Endpunkt einer Grunddimension steht in Spannung mit seinem Gegenüber. Für die psychische Gesundheit ist ein dynamisches Gleichgewicht wichtig. Eine gesunde Entwicklung findet statt, wenn man seine Präferenzen pflegt und sie in einer angemessenen Spannung zu ihrem Gegenpol anwendet, ohne die Präferenzen verändern zu wollen.

Im Folgenden beschreiben wir diese Grunddimensionen (Globalskalen) und die Stressskala. Dabei benutzen wir die internationalen Kürzel, die beim Golden Profiler of Personality verwendet werden. Einstellungen und Funktionen bezeichnen wir folgendermaßen:

Einstellungen		
Außenorientierung/Extraversion	E	(für „Extroversion")
Innenorientierung/Introversion	I	(für „Introversion")
Funktionen		
Sinneswahrnehmung	S	(für „Sensing")
Intuition	N	(für „Intuition")
Analytische Entscheidung	T	(für „Thinking")
Wertorientierte Entscheidung	F	(für „Feeling")
Einstellungen		
Strukturorientierung	J	(für „Judging")
Wahrnehmungsorientierung	P	(für „Perception")

Wir stellen zusammenfassend fest: Es gibt Verhaltensmuster, die aus den individuellen Präferenzen für Wahrnehmen und Entscheiden entstehen. Solche Muster können bestimmten Persönlichkeitstypen zugeordnet werden.

3.4 Wie man zu einem Typenprofil kommt

Es lohnt sich, seine persönlichen Präferenzen herauszufinden. Manchen macht die Aufgabe Spaß. Sie erscheint spielend leicht. Und das Ergebnis leuchtet sofort ein. Für andere wiederum ist der Prozess mühsam und kompliziert. Einige Menschen wissen gut über sich selbst Bescheid, können ihre Präferenzen ohne weiteres artikulieren und sofort Verbindungen zu den verschiedenen Dimensionen des Persönlichkeitstyps herstellen. Andere möchten Hilfestellung und brauchen deutlichere Unterscheidungsmerkmale, um ihre persönlichen Präferenzen zu analysieren. Mal empfiehlt sich eine objektivierende, analytische und empirische Vorgehensweise, mal ist eine eher subjektive, holistische und mehr introspektive Methode angebracht. Vielen legen wir nahe, die Gültigkeit ihres Ergebnisses auf verschiedene Weise zu überprüfen. Auf jeden Fall sind die Gewinnausschüttungen eines solchen Prozesses sehr bereichernd und nützlich.

Sinn und Ziel der Typentheorie und des Profilers besteht darin, vier Grundpräferenzen zu identifizieren. Die *Buchstabenkombinationen* EI, SN, TF, JP beruhen auf Skalen, die so konstruiert sind, dass sie in die eine oder andere Richtung weisen. Sie bestimmen, welche Präferenz über der anderen liegt. Wir weisen darauf hin, dass der Profiler nicht das Verhalten oder die Eigenschaften einer Person erfassen kann! Er wurde entwickelt, um Präferenzen auszuleuchten, d. h. eine gewohnheitsmäßige Wahl zwischen zwei einander ausschließenden Alternativen. Um dies zu verdeutlichen, benutzen wir eine Analogie:

Persönlichkeitspräferenzen können mit der Präferenz verglichen werden, die jemand hat, wenn er oder sie nach einem Kugelschreiber greift. Gewöhnlich gibt man der einen Hand den Vorzug. Damit zeigt man eine Präferenz. Man kann sie sehen, sie ist über die Zeit stabil und es ist keine bewusste Entscheidung für solch eine Handlung notwendig. Dasselbe gilt für Persönlichkeitspräferenzen.

Man kann ohne weiteres feststellen, ob jemand Rechts- oder Linkshänder ist. Man denkt nicht darüber nach, entscheidet sich nicht jedes Mal, ob man mit der linken oder rechten Hand schreiben will. Man reflektiert und testet es nicht. Persönlichkeitspräferenzen sind jedoch nicht so offensichtlich wie eine Schreibgewohnheit. Sie sind viel komplexer. Man muss sorgfältig beobachten, um sie präzise identifizieren zu können. Deshalb sind gründliche Ausführungen und Erklärungen über Typentheorie und den Profiler notwendig.

Wenn Sie sich längere Zeit mit der Typentheorie befassen, fällt es Ihnen danach leichter, ihre eigenen Präferenzen und die anderer Menschen zu identifizieren. Sie können ihre Fähigkeit in diesem Bereich weiterentwickeln, wenn Sie Ihr eigenes Verhalten reflektieren und Ihr Wissen über Typentheorie anwenden. Es wird Ihnen auch schon beim Lesen der folgenden Seiten so gehen, dass Sie eher eine Neigung zu bestimmten Merkmalen verspüren als zu deren Alternativen.

Dann und wann werden Sie Ihre eigenen Vorstellungen überprüfen wollen. Freunde und Kollegen werden sich finden, mit denen Sie Ihre Ideen diskutieren können. Zusätzlich können Sie sich weiteres Quellenmaterial besorgen und an einem Workshop oder einem Seminar über Typentheorie teilnehmen. Damit können Sie Ihre subjektiven Einsichten überprüfen und erweitern. Sie können sich auch für ein systematischeres Vorgehen entscheiden, um Ihre Hypothesen zu testen: Ein statistisch zuverlässiges und validiertes Instrument gibt Ihnen die Möglichkeit herauszufinden, ob Sie mit Ihren Vermutungen richtig liegen – der GPOP. Sie füllen einen Fragebogen aus (116 Fragen und Wortpaare). Eine professionelle Auswertung wird Ihnen angeboten und Ihre Vorstellungen vom eigenen Profil werden damit begründet und erweitert.

Sie können aber auch mit dem Profiler beginnen ohne eine vorherige Selbstbeobachtung und Selbsteinschätzung. Vielleicht möchten Sie jetzt lieber die Lektüre unterbrechen, den Fragebogen ausfüllen und die empirischen Daten als Ausgangspunkt Ihrer Reflexion benutzen. Es kann sein, dass Sie keine Zeit für Reflexion, Studium und Verhaltensbeobachtungen haben, um auf diesem Weg Fortschritte zu machen. Oder Sie ziehen grundsätzlich klare, konkrete Ergebnisse zu Beginn vor, um Ihre Persönlichkeitspräferenzen zu identifizieren.

Beide Wege sind gangbar und führen zum selben Ziel, nämlich zu einem besseren Verständnis und praktischen Anwendungsmöglichkeiten für Ihre Fähigkeiten und Begabungen. In diesem Falle stimmt es – es führen viele Wege nach Rom. Häufig suchen wir nach Möglichkeiten und nach einer Umgebung, uns selbst und unsere Ideen zu testen. Der GPOP ist ein zuverlässiger und validierter Indikator für Persönlichkeitspräferenzen. Er ist einfach in Handhabung und Auswertung. Praktische Anwendung oder Ergebnisse sind sofort einsehbar.

3.5 Einwände gegen das „Typisieren“ von Menschen

Wenn Sie bis hierher gelesen haben, gibt es dafür wohl einen guten Grund. Wir werden später noch darauf eingehen. Es kann jedoch sein, dass Sie an dieser Stelle ernsthafte Bedenken haben.

Kann man Kategorien benutzen, um Präferenzen in Funktionen und Einstellungen zu unterteilen? Einige Menschen sperren sich dagegen. Gründe, die jemand gegen eine solche Methode anführt, können schon etwas über sein Profil aussagen. Zum Beispiel: Wer eine Präferenz für „E“ (Außenorientierung) hat, wird sagen „Ich bin viel zu beschäftigt mit anderen Dingen und habe keine Zeit, einen solchen Fragebogen ausfüllen.“ Anderen mit einer Präferenz für „I“ (Innenorientierung) ist die eigene Privatsphäre wichtig und sie möchten nicht zu viel von sich preisgeben. Sie möchten sich nicht darauf einlassen, auch wenn sie vom Wert eines solchen Fragebogens überzeugt sind. Sie möchten sich nicht selbst offenbaren.

„S“-Typen (Sinneswahrnehmung) wollen etwas Konkretes und Anfassbares. Sie mögen das Theoretische und Abstrakte am Profiler nicht. Die Ergebnisse sind nämlich nicht sofort umsetzbar und anwendbar. In der ersten Phase, wenn es darum geht, die Grundlagen zu verstehen, langweilen sie sich. Auf der anderen Seite empfinden „N“-Typen (intuitive Wahrnehmung) die Einführung als viel zu vereinfacht, zu gradlinig und vielleicht zu konstruiert. Die Kategorien erscheinen ihnen zu einengend. „Warum gibt es eigentlich nur 16 Profile?“ fragen sie.
„T“-Typen (analytisch entscheidende Personen) sind besonders skeptisch gegenüber der „weichen“ Wissenschaft der Psychologie. T-Typen geht es um eine objektive Prüfung, ob der Fragebogen tatsächlich das leisten kann, was die Theorie verspricht. Sie brauchen einen rationalen Beweis, bevor sie das Konzept akzeptieren können. „F“-Typen (Personen, die sich in ihren Entscheidungen an Werten orientieren) mag es nicht gefallen, weil der Fragebogen Menschen anscheinend in Schubladen steckt und der einzelnen Person ihre Individualität zu nehmen scheint. Hinzu kommt, dass die F-Typen möglichst alles vermeiden, was die Gefühle anderer Menschen verletzen könnte.

Personen mit „J“ (strukturorientierter) – Einstellung haben oft fertige Antworten parat, wenn sie den Persönlichkeitsfragebogen ausfüllen sollen: „Ich habe schon eine hilfreiche Methode, die ich benutze. Zeigen Sie mir, inwiefern diese besser für meine Arbeit sein könnte!“ Auf der anderen Seite möchten Personen mit „P“ (wahrnehmender) Einstellung Dinge zunächst offen lassen. Sie verweigern sich, wenn sie feststellen, dass sie sich beim Ausfüllen der Fragen festlegen müssen. Sie lehnen vielleicht auch ab, in nur eine Kategorie eingeordnet zu werden, da sie dies als zu geschlossen und endgültig empfinden.

Es gibt offensichtlich viele kritische Einwände gegen einen solchen Fragebogen. Aber ebenso wird man die Vorteile entdecken. Die Vorteile sind so unterschiedlich wie die Bedenken. Sie selbst werden ein gewisses Interesse haben, sonst würden Sie nicht bis zu diesem Punkt gelesen haben.

Wenn wir mit der kurzen Einführung zum Golden Profiler of Personality fortfahren, werden die Vorteile offensichtlich. Einige von Ihnen sehen sie schon. Andere brauchen mehr Daten oder mehr Theorie. Wiederum andere brauchen konkrete Beispiele. Wir sind davon überzeugt, dass für jeden etwas dabei ist.

Auf den nächsten Seiten beschäftigen wir uns etwas intensiver mit den vier Grunddimensionen und den dominanten und nebengeordneten Merkmalen. Wir beschreiben, wie es von den Grunddimensionen zu den sechzehn verschiedenen Persönlichkeitstypen kommt. Zum Schluss geben wir einige Beispiele, wie Typentheorie in der Ausbildung von Führungskräften, in der Kommunikation und in der Erziehung angewandt werden kann.

4 Grundfunktionen und Einstellungen (Globalskalen)

Von den vier Grunddimensionen sind zwei die sogenannten *Grundfunktionen*. Im Buchstabencode sind das die zwei mittleren Buchstaben. Nach der Theorie beschreiben sie den wesentlichen Kern der Persönlichkeit. Der erste und der letzte Buchstaben sind die zwei *Einstellungen*.

Wir beschäftigen uns zunächst mit den Funktionen und gehen dann über zu den Einstellungen. Während Sie die Anleitung lesen, möchten Sie vielleicht beginnen, Ihre eigenen Präferenz auf der jeweiligen Grundlinie zu identifizieren. Diese Art von Selbstwahrnehmung kann beim Verstehen Ihres eigenen Typs hilfreich sein.

4.1 Wahrnehmungsfunktionen: Sinneswahrnehmung und Intuition

Wahrnehmungsfunktionen beschreiben, wie Menschen Informationen aufnehmen oder ihre Umwelt wahrnehmen. Oft stehen zwei Menschen vor derselben Sache, nehmen diese aber sehr unterschiedlich wahr. Der eine sieht die Bäume, der andere sieht einen Wald.

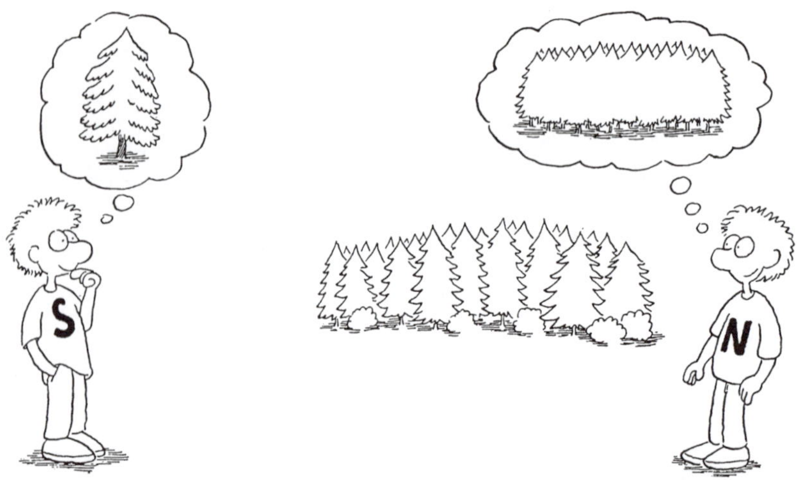

S
Sieht die Bäume.

N
Sieht den Wald

Sinneswahrnehmung (S) findet über die fünf Sinne statt. Wer sich in erster Linie auf seine fünf Sinne verlässt, sieht zuerst die konkrete Einzelheit. Er verlässt sich auf das, was ihm seine fünf Sinne vermitteln – über Geschmack, Berührung, Sehen, Geruch und Gehör. *Intuition* (N) beschreibt die Wahrnehmung durch inneren Einblick. Wer seine Intuition bevorzugt, verlässt sich auf Informationen, die er über seinen „sechsten Sinn" bekommt – intuitiv, „aus dem Bauch heraus", durch Ahnung.

Es ist keineswegs so, dass die beiden Wahrnehmungsweisen scharf voneinander getrennt sind. S-Typen benutzen beides, ihre Sinne und die Intuition, verlassen sich aber in erster Linie auf die Fähigkeit ihrer Sinne, die dadurch besser entwickelt sind. Die Welt, in der sie vorrangig leben, ist die Welt, wie sie sie direkt über ihre fünf Sinne erfahren. Sie verlassen sich auf Informationen, die ihnen über ihre Sinne zugänglich sind. Bei einer guten Entwicklung des Typs kann Sinneswahrnehmung momentane Eindrücke differenziert erfassen, vermittelt Fähigkeit zur scharfen Beobachtung, Gedächtnis für Fakten und Details und Realitätssinn. Personen mit Sinneswahrnehmung verlassen sich eher auf Erfahrung als auf Theorie. Das Praktische ist ihnen lieber. Sie erledigen die Dinge auf konventionelle Art. Ihr erstes Interesse gilt dem, was ihnen bekannt und „wirklich" erscheint. Sie schauen sich die Einzelteile an, gehen systematisch vor – Schritt für Schritt, vergleichen neue Daten mit dem, was sie schon kennen, und prüfen, ob es für die neue Situation brauchbar ist. „Wirkliche Intelligenz" ist für einen Typen mit Sinneswahrnehmung gleichzusetzen mit Verlässlichkeit, Genauigkeit und gesundem Menschenverstand.

S-Typen fühlen sich von einer Karriere und von einer Umgebung angezogen, in der gekonnte Anwendung von Wissen wichtiger ist als immer wieder neue Lösungswege finden. Klare Richtlinien und feste Routine finden sie gut. Arbeit mit konkreten Dingen ist ihnen wichtiger als Theorie und Erkenntnis. Sie ziehen Arbeitssituationen vor, wo sie gefordert sind, aus der Situation heraus zu handeln und ihr Allgemeinwissen anzuwenden. Das ist für sie attraktiver, als stets mit großen innovativen Durchbrüchen aufzuwarten.

Intuitive Typen benutzen ebenfalls beides: ihre Sinne und ihre Intuition. Aber sie geben der Intuition den Vorzug und entwickeln sie deshalb weiter. Wer intuitiv wahrnimmt, sieht die Dinge lieber, wie sie sein könnten, statt wie sie sind. Abwechslung und Vielfältigkeit finden sie gut. Sie erkennen sehr schnell verschiedene Möglichkeiten und sehen die Beziehungen zwischen unterschiedlichen Vorstellungen. Intuitive Menschen mit guter Typenentwicklung haben leichteren Zugang zu komplexen Sachverhalten und besitzen die Fähigkeit, abstrakte, symbolische und theoretische Zusammenhänge aufzuspüren. Sie können Zukunftsmöglichkeiten ausmachen und sind unter Umständen in der Lage, sie zu entwickeln.

Intuitive verlassen sich lieber auf ihre Eingebungen als auf ihre Erfahrungen aus der Vergangenheit. Sie interessieren sich für das Neue und Unbekannte. Ihr intuitiver Zugang zu den Dingen erschließt ihnen immer wieder neue Gebiete – sei es, dass sie vielschichtige Bedeutungen erkennen oder Beziehungen zwischen unterschiedlichen und gegensätzlich erscheinenden Dingen herstellen können. Für die meisten intuitiven Menschen sind diejenigen „wirklich intelligent", die komplexe Zusammenhänge erkennen können, Geistesblitze haben und kreativ sind.

Wer intuitiv wahrnimmt, für den ist eher eine Karriere und eine Umgebung attraktiv, in der es darum geht, Muster für komplexe Zusammenhänge auszumachen als sich ständig mit praktischen Details auseinander zu setzen.

Dort findet man Intuitive, wo es eher darauf ankommt, ständig neue Erkenntnisse zu auszuarbeiten. Vorhandenes Wissen anzuwenden, ist für sie langweilig. Theorie und Vorstellungskraft spielen für sie eine wichtigere Rolle als konkrete Daten. Intuitive reagieren positiv auf intellektuelle Herausforderung. Die Freuden des Augenblicks übersehen und übergehen sie allzuleicht.

S-Typ
Liest Anleitungen, bemerkt Details.

N-Typ
Folgt seinem Gefühl, nimmt die Anleitung als letzte Möglichkeit zur Hand

S-Typ
Bevorzugt das Praktische.

N-Typ
Stellt sich lieber die Möglichkeiten vor.

S-Typ
Sieht Einzelteile.

N-Typ
Sieht Muster und Zusammenhänge.

S-Typ
Mag Dinge, die klar meßbar sind.

N-Typ
Mag das Kreative.

S-Typ
Beginnt von Anfang und geht schrittweise vor.

N-Typ
Fängt irgenwo an und überspringt Schritte.

S-Typ
Lebt in der Gegenwart. Genießt, was da ist.

N-Typ
Lebt in der Zukunft und macht sich Gedanken darüber, was sein könnte.

S-Typen erscheinen den N-Typen als materialistisch und buchstabengläubig.

N-Typen erscheinen den S-Typen als unbeständige und unpraktische Traumtänzer.

Merkmale	
Sinneswahrnehmung	**Intuition**
Erfahrung	Ahnung
Details	Muster
Gegenwart	Zukunft
praktisch	ideenreich
Fakten	Erfindungen
der Reihe nach	zufällig
Wiederholung	Vielfalt
Vergnügungen	Erwartung
realistisch	spekulativ
tatsächlich	möglich
Nutzen	Fantasie
mit beiden Beinen auf der Erde	Hans-guck-in-die-Luft

4.2 Beurteilungsfunktionen: Analytisches Entscheiden und wertorientiertes Entscheiden

Die Beurteilungsfunktionen weisen darauf hin, wie wir bevorzugt Entscheidungen treffen oder Schlüsse ziehen. Analytisches Entscheiden (T) beschreibt einen – wie es auf den ersten Blick scheint – unpersönlichen, logischen Entscheidungsprozess und basiert auf Analyse und Denken in Grundsätzen. Wertorientiertes Entscheiden (F) beschreibt dagegen einen Entscheidungsprozess, in dem persönliche oder soziale Werte eine Rolle spielen.

Analytische Typen setzen natürlich beides ein, ihr kausales Denken und ihre Werthaltung, aber sie geben beim Entscheidungsprozess ihrer analytischen Funktion den Vorzug. Ihre Entscheidung spielt sich sozusagen im Kopf ab und sie verlassen sich auf „objektive" Überlegungen. Eine gute Typenentwicklung bildet Fähigkeiten des Analysierens aus. Fakten werden objektiv gegeneinander abgewägt. Der analytische Typ fragt sich, welche intendierten und nicht-intendierten Konsequenzen seine Entscheidung hat.

Sogenannte Denktypen betonen Prinzipien von Wahrheit und Gerechtigkeit. Sie sind gute Beobachter, weil sie die Dinge aus einer Distanz betrachten. Ihre analytische Neigung zeigt sich in Objektivität und Unparteilichkeit. Sie haben einen Sinn für Fairness und können logisch-analytisch an eine Sache herangehen.

Sie finden es gut, wenn Durchsetzungsvermögen und technische Fähigkeiten gefordert werden. Sie planen gern langfristig und benutzen dabei strategische Methoden. Ihre Ergebnisse erscheinen objektiv sachlich.

T-Typ
Entscheidet mit dem Kopf.

F-Typ
Entscheidet mit dem Herzen.

T-Typ
Mag Logik.

F-Typ
Entscheidet mit dem Herzen.

T-Typ
Legt Wert auf Beziehungen
von Wahrheit und Gerechtigkeit.

F-Typ
Legt Wert auf Beziehungen
und Harmonie.

T-Typ
Kritisiert aus dem Stand,
findet sofort Fehler.

F-Typ
Wertet spontan,
übersieht manchmal Fehler.

Typen, die auf Grund von Wertmaßstäben urteilen, benutzen im Entscheidungsprozess ebenfalls beides: ihr analytisches Denken und ihre Werteorientierung. Aber sie lassen sich eher von ihren persönlichen Wertvorstellungen leiten. Eine wichtige Rolle spielt für sie, ob bzw. wie ihre Entscheidung andere Menschen beeinflusst. Sie entscheiden mit dem Herzen und verlassen sich auf persönliche Überzeugungen. Eine gute Typenentwicklung führt dazu, dass ihr Sinn für persönliche Werte und soziale Maßstäben ausbildet wird. Sie wissen, was für sie selbst und andere wichtig ist.

Sie entwickeln im Laufe der Zeit eine gute Menschenkenntnis. Sie mögen Menschen. Menschliche Beziehungen und Harmonie haben für sie einen hohen Stellenwert. In ihrer Umgebung vermitteln sie Wärme, Einfühlungsvermögen und Mitgefühl.

Sie können sich spontan auf Menschen einstellen. Deshalb fühlen sie sich hingezogen zu Bereichen, in denen Verständnis und Kommunikation mit Menschen nötig ist. Sie finden Berufe attraktiv, in denen soziale Werte Bedeutung haben. Sie halten Kompetenz in zwischenmenschlichen Beziehungen für viel wichtiger als technische Kompetenzen.

T-Typ
Sieht die Dinge von außen.

F-Typ
Sieht die Dinge mit innerer Anteilnahme.

T-Typ
Nimmt etwas langfristig in den Blick.

F-Typ
Lebt vom direkten persönlichen Eindruck.

T-Typ
Kann gut analysieren.

F-Typ
Kann Menschen gut verstehen.

T-Typ
F-Typen erleben T-Typen als kühl und überheblich.

F-Typ
T-Typen erleben F-Typen als „kraus im Kopf" und emotional.

Merkmale	
Analytisches Entscheiden	**Wertorientiertes Entscheiden**
Kopf	Herz
objektiv	subjektiv
eine Sache kritisch bewerten	sich einer Sache hingeben
Gesetze	Umstände
unpersönlich	persönlich
Kriterium	Intimität
Kritik	positiv bewerten
fest bleiben	sich überzeugen lassen
analysieren	sich einfühlen
präzise	überzeugend
Prinzipien	persönliche Werte
Grundsatz	soziale Werte

4.3 Einstellung zur Außen- oder Innenwelt: Außenorientierung/Extraversion (E) und Innenorientierung/Introversion (I)

Woher beziehen Sie Ihre Energie und wie tanken Sie auf? – Jeder muss sich täglich mit seiner Umwelt auseinander setzen. Und jeder von uns braucht Ruhezeiten und Rückzug, um „zu sich selbst" zu kommen. Innenorientierte (I) regenerieren sich vor allem, indem sie aus einem Vorrat von Ideen, Vorstellungen und Gedanken ihrer Innenwelt schöpfen. Sie haben ein reiches Innenleben und sind deshalb weniger auf die Außenwelt angewiesen. Außenorientierte (E) dagegen erfahren ihre Umwelt als positiven Reiz. Sie gewinnen Energie, wenn sie sich mit Dingen und Menschen beschäftigen. Die äußere Welt wirkt wie ein Sog. Sie fühlen sich davon angezogen und haben entsprechend weniger Zeit für ihre Innenwelt.

Introvertierte beziehen ihre Energie aus inneren Reserven und geistigen Erfahrungen. Sie suchen Ruheorte, wo sie für sich sein können, und sie empfinden

Außeneinflüsse als störend. Ihren Geburtstag möchten sie am liebsten nur im aller engsten Freundeskreis feiern. Wenn sie bei geselligen Anlässen eine Rede halten sollen, überlegen Introvertierte ihren Beitrag genau, bevor sie sich äußern. Sie meinen, andere sollten auch erst nachdenken, bevor sie ihren Mund aufmachen. Wenn Introvertierte gefordert sind, kommt von ihnen ein zurückhaltender Ausspruch wie – „Darüber sollten wir noch einmal reden", oder „Ich rufe dich später an".

Introvertierte überlegen zuerst – und handeln dann, vielleicht. Sie sind oft zurückhaltend, ruhig und nicht leicht kennen zu lernen. Sie sind nachdenklich. Introvertierte haben ein viel größeres Interesse daran, ein Thema zu vertiefen als viele Themen nur oberflächlich zu streifen.

Dagegen reagieren Extravertierte eher auf Herausforderungen und Einflüsse aus ihrer Umwelt. Sie handeln erst – und überlegen dann, vielleicht. Extravertierte sind auf Beziehungen angewiesen. Wenn eine Party angesagt ist, leben sie auf. In Gesellschaft reden sie lieber mit vielen Menschen als nur mit dem einen oder anderen. Sie können sich über dies und das unterhalten – und damit geben sie dem Leben Farbe und erfrischende Vielfalt. Extravertierte tun sich viel leichter als Introvertierte, mit Fremden über persönliche Dinge zu sprechen.

E-Typ
Bezieht seine Energie
von anderen.

I-Typ
Bezieht seine Kraft
aus inneren Ressourcen.

Extravertierte lernt man leicht kennen. Sie sind sehr kontaktfreudig und brauchen soziale Beziehungen. Extravertierte leben hauptsächlich in der Außenwelt.

E-Typ
Äußere Herausforderungen
und Einflüsse bewirken
einen Sog nach außen.

I-Typ
Äußere Herausforderungen
und Einflüsse bewirken
einen Sog nach innen.

E-Typ
Ist oft freundlich,
redselig und leicht kennenzulernen.

I-Typ
Ist zurückhaltend,
ruhig und schwer kennenzulernen.

E-Typ
Braucht Beziehungen.

I-Typ
Braucht Privatsphäre.

E-Typ
Zeigt Gefühle.

I-Typ
Hält seine Gefühle zurück.

E-Typ
Sucht, braucht und gibt dem Leben Weite.

I-Typ
Sucht, braucht und gibt dem Leben Tiefe.

E-Typ
Handelt und überlegt dann, vielleicht.

I-Typ
Überlegt und handelt dann, vielleicht.

E-Typ
Ein E-Typ kann dem I-Typ als oberflächlich erscheinen.

I-Typ
Ein I-Typ kann dem E-Typ als verschlossen erscheinen.

Merkmale	
Außenorientiert/Extravertiert	**Innenorientiert/Introvertiert**
handeln	nachdenken
nach außen	nach innen
kontaktfreudig	konzentriert
umgänglich	reserviert
äußerlich	innerlich
Redner	Zuhörer
viel	wenig
ausdrucksvoll	ruhig
Weite	Tiefe
ausschweifend	intensiv
Außenwelt	Innenwelt

4.4 Einstellung zur Außenwelt: Strukturorientierung und Wahrnehmungsorientierung

Jede Person nimmt, wenn sie sich mit der Außenwelt beschäftigt, eine bestimmte Einstellung ein und hat eine persönliche Präferenz. Nach der Theorie gibt es zwei Möglichkeiten: Entweder man begegnet seiner Umwelt, indem man seine Beurteilungsfunktion (J) oder seine Wahrnehmungsfunktion (P) aktiviert. Bevorzugt eine Person in der Außenwelt eine der beiden Entscheidungsfunktionen (T oder F), so registriert ein Beobachter ein typisches Verhalten: Die betreffende Person hat eine offensichtliche Tendenz, Dinge planvoll anzugehen, zu regeln, entscheiden, beurteilen, organisieren und zu kontrollieren. Wenn jemand stattdessen deutlich eine der beiden Wahrnehmungsfunktionen (S oder N) bevorzugt, verharrt die betreffende Person in einer Einstellung, in der sie offen für neue Wahrnehmungen bleibt. Der Wahrnehmungstyp hat das Bedürfnis, offen zu bleiben für wechselnde Umstände, sie möchte sich nicht unbedingt auf eine Option festlegen und das Leben in seiner ganzen Breite erfahren.

Ein Wahrnehmungstyp liebt es, Unbekanntes zu untersuchen – egal was es sein mag. Er lässt sich leicht ablenken und schweift gerne ab. Generell planen Wahrnehmungstypen nicht gut, sondern warten lieber noch eine Weile und möchten sehen, was sich entwickelt. Sie sind stolz darauf, dass sie auf neue Ideen reagieren und flexibel auf neue Umstände eingehen können. Wahrnehmungstypen sind neugierig und mögen Überraschungen.

Wahrnehmungstypen möchten aus der Arbeit ein Spiel machen. Sie haben den Prozess im Blick und möchten sich für neue Entwicklungen offen halten.

Strukturorientierte Typen haben einen anderen Lebensstil: Sie möchten Ergebnisse und Abschlüsse sehen. Sie drängen zu einem Schluss. Sie bevorzugen einen organisierten Lebensstil. Sie empfinden Wohlbehagen und Sicherheit, wenn alles geplant und geregelt ist. Sie mögen es, wenn alles seinen Platz hat und Ordnung herrscht. Beurteilungstypen lieben keine Überraschungen.

Strukturorientierte Typen sind die Erfinder von Checklisten und halten sich daran. Das ist für sie eine erfolgreiche Methode, alles unter Kontrolle zu halten. Sie setzen klare Grenzen und Kategorien. Sie planen im Voraus und halten sich an Termine. Strukturorientierte Typen sind entschlussfreudig.

J-Typ
Mag klare Abläufe
und feste Routine.

P-Typ
Mag Veränderung
und Vielfalt.

J-Typ
Mag klare Grenzen
und Kategorien.

P-Typ
Mag die grenzenlose Freiheit.

J-Typ
Bevorzugt ein geregeltes Leben.

P-Typ
Bevorzugt eine flexiblen Lebensstil.

J-Typ
Ist entschlussfreudig.

P-Typ
Ist neugierig und offen für Überraschungen jeder Art.

J-Typ
Hält sich an Termine,
plant im Voraus.

P-Typ
Kommt mit seiner Terminsache
erst in letzter Minute zu Rande.

J-Typ
Mag Abgeschlossenheit,
beendet eine Aufgabe.

P-Typ
Bevorzugt Offenheit und
genießt den Prozess als solchen.

J-Typ
Möchte sein Leben
in den Griff bekommen.

P-Typ
Möchte jeden Augenblick
seines Lebens auskosten.

J-Typ
J-Typen erscheinen den P-Typen
als zu eng und strukturiert.

P-Typ
P-Typen erscheinen den J-Typen
als unorganisiert und unordentlich.

Merkmale	
Strukturorientierung	**Wahrnehmungsorientierung**
etabliert	schwebend
organisiert	flexibel
Entscheidung	mehr Information
Struktur	fließend
Kontrolle	Erfahrung
entschlussfreudig	abwartend
zielbewusst	spontan
Geschlossenheit	Offenheit
Plan	Anpassung
Termine	Entdeckungen
abgeschlossen	entstehen lassen
produktiv	aufnahmefähig
Produkt	Prozess

Die Fünfte Skala (Anspannung – Gelassenheit) – Umgang mit Stressoren im Alltag

Als die Forschung begann, sich ernsthaft mit dem Thema Persönlichkeitstypen auseinander zu setzen, ging man davon aus, dass, wenn ein Mensch Angst hat oder sich Sorgen macht, seine Persönlichkeit und sein Verhalten davon beeinflusst wird (Eysenck, 1952). Weil unser Leben heute stärker stressbelastet ist denn je, sind Information und Rückmeldungen über Stress wichtig – unter welchen Umständen man sich Sorgen macht, wann Angst aufkommt oder Pessimismus sich breit macht. Mit diesem Wissen und mit der Fähigkeit, auf solche sich anbahnenden Schwierigkeiten Einfluss nehmen zu können, steigt die Chance auf eine bessere Lebensqualität. Den eigenen Stressgrad kennen heißt Entscheidungen zum eigenen Wohlbefinden treffen zu können. Anhand folgender Persönlichkeitsmerkmale kann man seinen eigenen Stressgrad bestimmen:

Anspannung

skeptisch

sich beengt fühlen

vorsichtig

sich ärgern

pessimistisch

Gelassenheit

zuversichtlich

in sich ruhen

mutig

sich amüsieren

optimistisch

5 Dominante und sekundäre Funktionen

Jeder Mensch bevorzugt eine der beiden Wahrnehmungsfunktionen (entweder Sinneswahrnehmung oder Intuition) und eine der beiden Beurteilungsfunktionen (entweder analytisches Entscheiden oder wertorientiertes Entscheiden). Die Präferenz für die Funktionen werden mit den beiden mittleren Buchstaben des Buchstabencodes (S bzw. N und T bzw. F) beschrieben. Sie sind das dynamische Zentrum der Persönlichkeit. In den mittleren Buchstaben sind vier Kombination möglich – wir können sie auch als Grundtypen beschreiben: ST, SF, NT und NF. Die Typentheorie sagt, dass eine der beiden Funktionen grundsätzlich dominant ist. Das heißt, der einen Funktion vertraut man mehr und verlässt sich auf sie. Sie ist ausgeprägt, übernimmt die führende Rolle, verleiht der Person Selbstsicherheit (weil man geübt mit ihr umgehen kann). Man spricht auch vom „dominanten Merkmal“.

Der jeweils andere Buchstabe (der beiden mittleren Buchstaben im Code) nimmt die zweite Stelle ein. Er hat eine Helfer- oder Nebenrolle. Entsprechend nennt man diese Funktion die „sekundäre oder Nebenfunktion“. Die Nebenfunktion ergänzt und unterstützt die dominante Funktion.

Wenn wir in diesem Zusammenhang so reden, als ob die Person eindeutige und klare Konturen hätte, müssen wir noch einmal darauf hinweisen, dass es keinen reinen ST-, SF-, NF- oder NT-Typ gibt. Jeder Mensch findet Anteile von jedem Merkmal in seiner Person. Der GPOP identifiziert die bevorzugte Seite. Doch stehen uns die anderen Funktionen, die nicht im Buchstabencode auftauchen, auch zur Verfügung. Das heißt, alle vier Dimensionen sind in unserer Persönlichkeit vorhanden. Die Rolle, die jede einzelne Dimension spielt, wird jedoch über die Präferenzen gesteuert.

Im folgenden fragen wir nach der Rolle, die jede der Dimensionen für einen Typ spielt. Was in den nächsten Abschnitten wie ein Puzzle-Spiel klingt, ist die Stärke der Jungschen Typentheorie: Sie beschreibt eine Entwicklung der Person. Alle psychologischen Funktionen und Einstellungen wirken dynamisch in- und miteinander. Sie bestimmen Frust und Lust im Alltag. Wer diese Dynamik in den Blick bekommt, hat Chancen, seine persönliche Entwicklung bewusster anzugehen und zu unterstützen.

Wenden wir uns unseren „Einstellungen“ zu: dem ersten und dem letzten Buchstaben in unserem 4-Buchstaben-Typenindikator. Wie Sie sich erinnern, zeigt der erste Buchstabe (E oder I) an, ob jemand seine Innenwelt (Ideen) oder seine Außenwelt (Gegenstände und Menschen) bevorzugt. Der letzte Buchstabe (J oder P) identifiziert eine Präferenz für Struktur bzw. Wahrnehmung. Diese Einstellungen sind normalerweise leicht zu identifizieren. Sie dienen auch dazu, das zu bestimmen, was wir „Zentrum der Persönlichkeit“ genannt haben.

5.1 Dominante Funktion für außenorientierte Typen (E)

Wir bestimmen zuerst die dominante Funktion für außenorientierte Typen – also solche, die als ersten Buchstaben im Code ein „E“ aufweisen.

Nach der Definition lernt man Außenorientierte leicht kennen. Sie teilen anderen Menschen bereitwillig ihre Ideen und Gedanken mit. Sie sind direkt. Um die dominante Funktion herauszufinden, müssen wir auf den *letzten Buchstaben* (J oder P) sehen. Der letzte Buchstaben eines extravertierten Typs weist auf das dominante Merkmal eines extravertierten Typs hin. Also: *Wenn der letzte Buchstabe eines Außenorientierten ein „P“ ist, dann ist die Wahrnehmungsfunktion das dominante Merkmal* (entweder Sinneswahrnehmung oder Intuition). So ist zum Beispiel das dominante Merkmal eines EST**P**-Typs Sinneswahrnehmung (S), und das dominante Merkmal eines ENF**P**-Typs intuitive Wahrnehmung (N).

Wenn Wahrnehmung (S oder N) für einen extravertierten Typ dominant ist, *dann ist Beurteilung (T oder F) sekundär bzw. Nebenfunktion.* In den vorhergenannten Beispielen für den ESTP-Typen ist das dominante Merkmal die Sinneswahrnehmung (S) und das sekundäre Merkmal ist analytisches Entscheiden (T). Für einen ENFP-Typen ist das dominante Merkmal intuitive Wahrnehmung (N), und das sekundäre Merkmal wertorientiertes Entscheiden (F).

Andersherum, *wenn der letzte Buchstabe eines Extravertierten ein „J“ ist, dann ist die Beurteilungsfunktion dominant.* Zum Beispiel: das dominante Merkmal eines ESF**J** ist wertorientiertes Entscheiden (F), usw.

Bei Außenorientierten gilt die Regel, dass der letzte Buchstabe stets das dominante Merkmal identifiziert.

5.2 Dominante Funktion für innenorienierte Typen (J)

Nun wollen wir die dominante Funktion für innenorientierte Typen bestimmen – d. h. für solche, die als ersten Buchstaben im Code ein „I“ zeigen.

Innenorientierte lernt man im Allgemeinen nicht so leicht kennen. Sie sind zurückhaltender und behalten ihre Ansichten und Gedanken in der Privatsphäre. Erst wenn sie in einer vertrauensvollen Umgebung sind, zeigen sie ihre dominante Funktion. Nach außen zeigen sie also nicht ihr Bestes, sonder ihr Zweitbestes. Das heißt, beim letzten Buchstaben des Typenindikators eines Introvertierten müssen wir daran denken, dass er nicht sein dominantes Merkmal nach außen lebt. *Der letzte Buchstabe eines introvertierten Typs sagt uns, welche Funktion **nicht** dominant ist.* Das heißt, wenn der letzte Buchstabe eines Introvertierten ein „P“ ist, dann ist die Beurteilungsfunktion dominant und die Wahrnehmungsfunktion sekundär.

Zum Beispiel ist das dominante Merkmal eines ISF**P**-Typs wertorientiertes Entscheiden (F), Sinneswahrnehmung (S) ist sekundär. Das dominante Merkmal eines IST**P**-Typs ist analytisches Entscheiden (T), das sekundäre Merkmal ist Sinneswahrnehmung (S). Das sekundäre Merkmal ist leicht zu identifizieren.

Andererseits, wenn der letzte Buchstabe des Indikators eines introvertierten Typs ein „J" ist, ist die Wahrnehmungsfunktion dominant und die Entscheidungsfunktion sekundär. Zum Beispiel ist das dominante Merkmal eines IST**J** Sinneswahrnehmung (S), das sekundäre Merkmal ist analytisches Entscheiden (T), usw.

Die Grundregel lautet: *Der letzte Buchstabe eines introvertierten Typs weist nicht auf das dominante, sondern auf das sekundäre Merkmal.*

5.3 Die tertiäre und die inferiore Funktion

Wir haben gerade die ersten zwei Funktionen der Persönlichkeit diskutiert: die dominante und die sekundäre. Es gibt noch zwei weitere Funktionen Ihrer Persönlichkeit, die zu einer ganzheitlichen Perspektive gehören: die tertiäre und die inferiore Funktion.

Die tertiäre oder dritte Funktion ist die, die der sekundären gegenüberliegt. Die vierte Funktion – manchmal auch minderwertige Funktion genannt – liegt gegenüber der dominanten Funktion. Die minderwertige Funktion ist die am wenigsten benutzte Funktion Ihrer Persönlichkeit. Zum Beispiel beim ISTJ ist Sinneswahrnehmung (S) das dominante Merkmal, analytisches Entscheiden (T) ist die zweite bzw. sekundäre Funktion. Die dritte Funktion ist wertorientiertes Entscheiden (F), also das Gegenüber der sekundären Funktion (analytisches Entscheiden). Die vierte oder minderwertige Funktion ist Intuition (N), das Gegenüber der dominanten Funktion (Sinneswahrnehmung).

Zusammenfassend: Alle vier Dimensionen sind in unserer Persönlichkeit vorhanden. Jede Person zeigt eine deutliche Präferenz für zwei Funktionen. Die anderen beiden spielen eine untergeordnete Rolle.

5.4 Wirkung der minderwertigen Funktion

Oft, wenn Menschen von sich sagen, sie seien nicht sie selbst, liegt es daran, dass sie aus ihrer vierten oder minderwertigen Funktion heraus agieren.

Zum Beispiel ist die minderwertige Funktion eines analytischen Typs (T) die wertorientierte Beurteilung (F). Wenn ein analytischer Typ aus seiner minderwertigen Funktion – der subjektiven Bewertung – heraus handelt, können seine Äußerungen überschwänglich wirken, oder er „geht in die Luft" und ist unbeherrscht.

Wenn wertorientiert entscheidende Typen (F) aus ihrer minderwertigen Funktion – dem Analytischen (T) – heraus handeln, kann sie sich so äußern, dass sie anderen über den Mund fahren, überheblich sind, kalt oder verletzend wirken.

Für einen Typus, der bevorzugt über die Sinne wahrnimmt (S) ist die Intuition (N) minderwertig. Sie kann sich zum Beispiel in einer negativen und tristen Zukunftsperspektive äußern.

Für den intuitiven Typ (N) ist die Sinneswahrnehmung (S) minderwertige Funktion. Sie äußert sich als minderwertig, wenn er sich in weitschweifigem Aufzählen von Details und Kategorien ergeht, ohne dass wesentliches damit ausgesagt wird. Es geschieht keine Inspiration und das Intuitive stagniert.

Größere Schwierigkeiten und Konflikte treten vorwiegend mit Menschen auf, deren dominante Funktion auf die eigene minderwertige Funktion stößt. Dann halten diejenigen mit einer dominanten S-Funktion alles, was mit Theorien, Zukunftsplanung und einem Bewusstsein von übergeordneten Themen zu tun hat (N), für unwichtig und zweitrangig. Diejenigen mit der dominanten N-Funktion meinen hingegen, dass man sich verzettelt, wenn man sich mit zu vielen Details und Fakten beschäftigt und immer nur auf die Gegenwart fixiert ist.

Analytische Typen lehnen die Weichheit der „Subjektivisten" als zu unklar und schwammig ab, während wertorientierte Menschen die Kälte und Herzlosigkeit der analytischen Typen abstoßend finden.

Wer seinem Kollegen oder seiner Kollegin auf der jeweiligen dominanten Funktion begegnen kann, wird sich aller Wahrscheinlichkeit nach erfolgreich und gut verständigen können.

Wir fassen das bisher Gesagte kurz zusammen:

- Jeder Mensch ist unverwechselbar und einzigartig.
- Gleichzeitig finden wir bei jedem etwas „typisch" Menschliches.
- Das „Typische" wird bestimmt von der Stärke der Präferenzen, von der Interaktion der beiden zentralen Funktionen und von den bevorzugten Einstellungen.

Die Dynamik dieser Variablen ergibt sechzehn verschiedene Typen. Diese stellen wir in Kurzbeschreibungen und ausführlichen Profilen vor.

6 Beschreibung der einzelnen Typen

6.1 Kurzbeschreibungen

Sie finden auf den folgenden Seiten zunächst eine Übersicht über die sechzehn Typen. Wenn Sie an dieser Stelle den Fragebogen nicht ausgefüllt und kein ausgewertetes Ergebnis vorliegen haben, ist es Ihnen vielleicht gelungen, sich selbst einzuschätzen. Wenn Sie eine Vorstellung von sich als Person haben,

1. deren bevorzugte Einstellung außenorientiert (E) oder innenorientiert (I) ist, *dann wählen Sie als Ersten Buchstaben entsprechend E oder I*;
2. die bevorzugt über die fünf Sinne (S) oder intuitiv (N) wahrnimmt, *wählen Sie als zweiten Buchstaben entsprechend S oder N*;
3. die bevorzugt analytisch (T) oder wertorientiert (F) beurteilt, *wählen Sie als dritten Buchstaben entsprechend T oder F*;
4. deren bevorzugte Einstellung zur Außenwelt eher strukturierend (J) oder wahrnehmend (P) ist, *wählen Sie als vierten Buchstaben entsprechend J oder P.*

Nun haben Sie eine Kombination von 4 Buchstaben. Sie können diese vier Buchstaben in der Reihenfolge hier eintragen:

______	______	______	______
1.	2.	3.	4.

Die folgenden Kurzbeschreibungen bieten eine Übersicht über die Merkmale jeder der sechzehn Kombinationen.

Nehmen Sie sich Zeit und lesen Sie sich in Ruhe die Kurzbeschreibung Ihres Typs durch. Sie verifizieren nun Ihre Selbsteinschätzung.

Wenn die Beschreibung nicht passt, wechseln Sie einen der Buchstaben aus, bei dem Sie sich nicht ganz sicher waren, und lesen Sie die entsprechende Beschreibung durch.

16 Profile – Kurzcharakteristik

Typen mit Sinneswahrnehmung
und

Innenorientierung mit	analytischer Entscheidung	wertorientierer Entscheidung
	ISTJ	**ISFJ**
Strukturorientierung	Nüchtern; zuverlässig; genau; konstant; effizient. Haben einen starken Realtiätssinn, wollen messbare Ergebnisse. Mögen Struktur, Ordnung und Beständigkeit. Ihre Aufmerksamkeit gilt den unmittelbaren Bedürfnissen der Organisation. Können unflexibel sein. Denken an die konkreten Aufgaben, die vor ihnen liegen. Fragen nach dem, was konkreten Nutzen bringt. Zeigen nach außen eher ihre analytisch bewertende Seite, verlassen sich innen eher auf ihre Sinneswahrnehmung.	Fleißig; gründlich; verantwortlich. Sorgen für Stabilität und Vertrauen. Unterstützen, helfen, legen Hand an die Dinge und erledigen sie. Bringen ihre persönliche Erfahrung ein, haben ein Interesse an sofortigen, sichtbaren Ergebnissen. Vermeiden abstrakte Konzepte. Sorgen für klare Richtung, möchten klaren Rahmen und garantieren Zuverlässigkeit. Zeigen nach außen eher ihre subjektiv wertende Seite, verlassen sich innen eher auf Sinneswahrnehmung.
	ISTP	**ISFP**
Wahrnehmungsorientierung	Wache, aufmerksame Beobachter. Bodenständig. Fragen nach dem, was passiert, wie es passiert und ob es nützlich ist. Genießen die Gegenwart. Lösen gern konkrete Probleme. Sind praktisch veranlagt. Lieben hintergründigen Humor. Haben manchmal nicht die langfristigen Auswirkungen im Blick. Konkret und geradlinig im Denken und Handeln. Sind flexibel und reagieren schnell. Zeigen nach außen eher ihre Sinneswahrnehmung, verlassen sich innen eher auf ihr analytisches Urteil.	Umgänglich; zeigen persönliche Wärme. Sind sensibel. Klar, direkt, präzise. Können sich gut in andere hineinversetzen, können in Krisen gut den Inforamtionswirrwarr sortieren. Sind loyale Mitarbeiter ihrer Organisation. Termine sind lediglich Anhaltspunkte. Bevorzugen konkrete Projekte, in denen Handeln und messbare Ergebnisse gefragt sind. Zeigen nach außen eher ihre Sinneswahrnehmung, verlassen sich innen eher auf ihr wertorientiertes Urteil.

Typen mit Sinneswahrnehmung
und
analytischer Entscheidung — wertorientierter Entscheidung

analytischer Entscheidung	wertorientierter Entscheidung	
ESTP	**ESFP**	
Sachlich; „Eile mit Weile“; spontan; praktisch. Gehen optimistisch an die Sache ran, wollen sie in den Griff bekommen: am besten mit Dingen, die man anfassen, auseinandernehmen und wieder zusammensetzen kann. Erfahrungen sind ihnen wichtiger als Theorien. Tempo und Flexibilität sind angesagt. Müssen auf Prioritäten und Ziele achten. Können sich gut anpassen. Zeigen nach außen eher ihre Sinneswahrnehmung, verlassen sich innen eher auf ihr analytisches Urteil.	Aufgeschlossen; Frohnaturen; spontan. Können Leute gut zur Zusammenarbeit bewegen. Bevorzugen Arbeiten, die konkret, fassbar und praktisch sind. Wollen „Nutzen für die Menschen“ erreichen. Können gut verhandeln. Müssen Balance halten zwischen dringlichen Arbeiten und Geselligkeit. Sorgen für den esprit de corps im Team. Arbeit muss Spaß machen. Zeigen nach außen eher ihre Sinneswahrnehmung, verlassen sich innen eher auf ihr subjektiv wertendes Urteil.	Wahrnehmungsorientierung
ESTJ	**ESFJ**	
Praktisch; realistisch. Planen und organisieren Abläufe, managen gern Veranstaltungen und Organisationen. Müssen darauf achten, dass sie die persönlichen Bedürfnisse der Menschen mit einbeziehen. Sind Experten für operative Umsetzungen. Nur Ergebnisse zählen für sie. Sind direkt und treten resolut auf. Packen Probleme direkt und entschieden an. Zeigen nach außen eher ihre analytisch bewertende Seite, verlassen sich innen eher auf ihre Sinneswahrnehmung.	Freundlich; gesellig; pflegen Beziehungen. Beleben die Geschäftsprozesse mit einer persönlichen Note. Können gut organisieren und sind verankert in der konkreten Wirklichkeit. Sorgen für das Einhalten von Verabredungen. Lassen sich nicht leicht von einer persönlichen Meinung abbringen. Setzen alles dran, um ein kooperatives Umfeld zu erzeugen. Zeigen nach außen eher ihre subjektiv bewertende Seite, verlassen sich innen eher auf ihre Sinneswahrnehmung.	Strukturorientierung

Außenorientierung mit

Typen mit intuitiver Wahrnehmung
und

Innenorientierung mit

	wertorientierter Entscheidung	analytischer Entscheidung
Strukturorientierung	**INFJ**	**INTJ**
	Fantasievoll, beharrlich, kreativ. Bemühen sich um andere – unaufdringlich, wirkungsvoll, persönlich. Mögen komplexe Probleme, die mit Menschen und Dingen zu tun haben. Glauben an die Sache, für die sie sich einsetzen. Können sich in eine Vision festbeißen. Sorgen für den großen zusammenhängenden Überblick. Haben zukunftsorientierte Konzepte und brauchen klare Strukturen. Zeigen nach außen eher ihre subjektiv wertende Seite, verlassen sich innen eher auf ihre intuitive Wahrnehmung.	Originelle Denker; beharrlich, wenn es um ihre eigenen Ideen und Ziele geht. Konzentrieren sich auf die kritischen Themen. Sind unabhängig, und konzeptionelle Planer; Meister der Ideen und Systeme. Planen strategisch. Konzentrieren sich in der Kommunikation auf das Wesentliche, können dabei die emotionale Seite der Menschen aus dem Auge verlieren. Sind innovativ. Zeigen nach außen eher ihre analytisch bewertende Seite, verlassen sich innen eher auf ihre intuitive Wahrnehmung.
Wahrnehmungsorientierung	**INFP**	**INTP**
	Haben einen Sinn für Zuverlässigkeit, Pflicht und Verpflichtung – aus Überzeugung. Versuchen zu verstehen und erwarten Verständnis. Konzentrieren sich auf Projekte, die eine tiefere Bedeutung für sie haben. Führen im Hintergrund, indirekt. Orchestrieren Einheit und Harmonie. Müssen Umsetzbarkeit im Blick behalten. Sorgen für Inspiration. Zeigen nach außen eher ihre intuitiv wahrnehmende Seite, verlassen sich innen eher auf ihr wertorientiertes Urteil.	Geniale Theoretiker; originell; suchen nach Erkenntnis; zurückhaltend. Können gut die grundlegenden Prinzipien eines komplexen Systems reflektieren. Versuchen ständig, sich Wissen und Kompetenzen anzueignen. Müssen darauf achten, dass sie andere in ihre Vorstellungen mit einbeziehen. Legen großen Wert auf Expertenwissen und sind visionäre Strategen. Zeigen nach außen eher ihre intuitiv wahrnehmende Seite, verlassen sich innen eher auf ihr analytisches Urteil.

Typen mit Sinneswahrnehmung
und

wertorientierter Entscheidung	analytischer Entscheidung
ENFP	**ENTP**
Suchen ständig nach neuen Möglichkeiten. Sind geistreich und fantasievoll. Haben eine inspirierende Ausstrahlung. Verlassen sich auf ihr Improvisationstalent, überzeugen durch ihr Selbstvertrauen. Spontan. Reden mit Energie und Begeisterung. Brauchen eine Handlungsstrategie. Leben bleibt für sie ein spannendes Abenteuer. Zeigen nach außen eher ihre intuitiv wahrnehmende Seite, verlassen sich innen eher auf ihr subjektiv wertendes Urteil.	Dynamisch; zukunftsorientiert; unternehmerisch. Ihre Ziele liegen jenseits des sichtbaren Horizonts. Übernehmen Initiative und setzen Veränderungen in Gang. Bringen kreative Ideen ein. Mögen offene, komplexe Fragestellungen. Stolpern unter Umständen über Details. Erwarten von der Umgebung eine lösungsorientierte Einstellung. Zeigen nach außen eher ihre intuitiv wahrnehmende Seite, verlassen sich innen eher auf ihr analytisches Urteil.
ENFJ	**ENTJ**
Legen Wert auf harmonische Beziehungen, haben starke Ideale. Loyalität zum Arbeitgeber, zur Partnerschaft, zu einer wichtigen Sache steht obenan. Vermitteln Begeisterung. Können eine Diskussion mit Umsicht und Takt leiten. Müssen aufpassen, dass sie sich den Ansprüchen anderer nicht übermäßig verpflichten. Können das Beste in Menschen abrufen. Sind sorgfältige Planer. Zeigen nach außen eher ihre subjektiv wertende Seite, verlassen sich innen eher auf ihre intuitive Wahrnehmung.	Kernig; beherrschen Form und Struktur. Möchten die Führung übernehmen. Keinen Sinn für Ineffizienz. Menschen sollen gerecht behandelt werden, sie zeigen aber wenig Toleranz für Unvollkommenheiten. Meister der Analyse und objektiven Kritik. Planen langfristig und bevorzugen konzeptionelle Entwürfe und bewegen sich auf der Ideen-Ebene. Sind offen für kritisches Feedback. Zeigen nach außen eher ihre analytisch bewertende Seite, verlassen sich innen eher auf ihre intuitive Wahrnehmung.

Außenorientierung
mit
Wahrnehmungsorientierung
Strukturorientierung

6.2 Ausführliche Beschreibung der 16 Typen

Wenn Sie sich einigermaßen sicher sind, welche Buchstabenkombination Ihren Typ am besten beschreibt, suchen Sie sich die entsprechende ausführliche Beschreibung auf eine der folgenden Seiten heraus.

Nicht alle Merkmale, die für Ihren Typus beschrieben werden, treffen auf Sie zu. Hier gilt das, worauf wir schon am Anfang hingewiesen haben: Jeder Mensch ist eine einzigartige Persönlichkeit. Aber markieren Sie das, was auf Sie zutrifft bzw. was nicht auf Sie zutrifft.

ESTJ
(Extravertiert, Sinneswahrnehmung, analyTisch entscheiden, strukturorientiert – J)

Sie sind der geborene Organisator. Sie nutzen Ihre logischen Fähigkeiten, um so viel wie möglich im Leben in den Griff zu bekommen. Sie sind in Ihrer Komfort-Zone, wenn die Umstände Ihnen erlauben vorauszuplanen, die nötigen Fakten zu bekommen, Ziele zu setzen, den zeitlichen Ablauf zu planen und die Ressourcen zu organisieren. Solche operativen Ziele haben gewöhnlich etwas mit Menschen, Dingen und Situationen zu tun, und nicht so sehr mit Theorien und Ideen. Als ESTJ vertrauen Sie Informationen, die etwas mit der realen Welt zu tun haben. Sie zeigen Geduld, wenn es sich um vertraute Aufgaben, bekannte Fähigkeiten und geläufige Routinen handelt. Sie arbeiten konstant an Ihren Zielen, und zwar mit einer größeren Genauigkeit als andere Typen. Sie genießen ein gut geplantes Leben, das Sie unter Kontrolle haben und wo Sie voraussehen können, was passiert.

ESTJs sind von ihrem Wesen her Manager, die ihre Energie in ihre Arbeit investieren. Deshalb zeigen Sie kaum Verständnis für uneffektive und ineffiziente Arbeit. Sie haben eine klare Vorstellung von einer ordentlich durchgeführten Arbeit. Sie reden offen und geradeheraus über Ihre Ansichten, Neigungen, Vorurteile und Entscheidungen. Als ESTJ bevorzugen Sie bei Entscheidungen ein klares Entweder-Oder und können für unklare Verhältnisse keine Toleranz aufbringen. Wenn man Ihnen eine Idee präsentiert, möchten Sie einen klaren Plan mit Zahlen, Daten, Fakten vor sich haben, bevor Sie Ihre Zeit und Energie investieren. Wenn Sie Ihr Tempo nicht drosseln und sich nicht anhören, wie andere in Ihrer Umgebung die Sache sehen, entscheiden Sie vielleicht zu schnell.

ESTJs schätzen ein harmonisches, ordentliches Zuhause mit festen Abläufen und legen Wert auf traditionelle Werte. Aus diesem Grund ist Ihnen Ihr Besitz wichtig. Wenn Sie die Wahl haben, geben Sie Ihr Geld für nützliche und stabile Möbel aus, von denen Sie lange etwas haben werden. Verschwendung und übermäßiger Verbrauch ärgert Sie. Sie haben einen untrüglichen Sinn für Verpflichtung und Verantwortung, eine treibende Kraft in Ihnen, die Sie in mehr und mehr Aufgaben hineinzieht – stets zum Wohle der anderen.

Aufgrund ihres Organisationstalents und ihrer Beobachtungsgabe bilden Personen mit diesem Persönlichkeitsprofil die Eckpfeiler von Bürgerinitiativen und sozialen Gruppen. Die Fähigkeit der ESTJs in jeder Situation die Dinge praktisch und nüchtern zu betrachten, wird in Freundeskreisen sehr geschätzt. ESTJs sind produktorientierte Menschen, die hohe Standards setzen, schätzen und beachten.

IHR BEITRAG ZUR ORGANISATION

- Sie erledigen Aufgaben genau, pünktlich, bis ins Detail.
- Für Sie zählen Ergebnisse.
- Sie sind der geborene Vertriebsmensch.
- Sie können hervorragend effiziente Systeme aufbauen.
- Sie sind handlungsorientiert und zögern nicht, wenn nötig, die Stirn zu bieten.
- Sie sind praktisch und realistisch veranlagt, Sie bewegen sich schrittweise auf Ihre Ziele zu.
- Sie packen Probleme direkt und entschieden an.
- Sie organisieren und strukturieren gern.
- Sie mögen es, wenn Sie Aufgaben als erledigt abhaken können, und Sie schätzen aktuelle, handfeste, praktische Anwendungen.
- Sie sehen nicht ein, warum etwas verändert werden muss, besonders dann nicht, wenn die Dinge doch ordentlich laufen.

IHR BEVORZUGTER FÜHRUNGSSTIL

- Sie sind der Administrator von Ressourcen, Menschen und Projekten.
- Sie haben Ihr Augenmerk vor allem auf die Arbeit gerichtet, nicht unbedingt auf die Menschen, die die Arbeit tun, zeigen aber Wertschätzung gegenüber denen, die es durch Leistung verdient haben.
- Sie sind direkt und resolut, wenn es darum geht, zum Kern der Sache zu kommen.
- Sie setzen erprobte, etablierte Methoden ein, um kurzfristig Resultate zu erzielen.
- Sie sind eher konservativ, wenn es um Veränderung geht.
- Sie setzen sich hohe Maßstäbe und halten sich daran.
- Sie sind überzeugt, dass man Autorität im Laufe der Zeit gewinnt, wenn man positive Ergebnisse aufweisen kann.

IHR BEVORZUGTER KOMMUNIKATIONSSTIL

- Sie reden energisch und kraftvoll.
- Sie antworten schnell und spontan.

- Sie reden lieber mit jemandem Auge in Auge, statt schriftliche Mitteilungen zu versenden.
- In der Kürze liegt nach Ihrer Meinung die Würze. Was Sie sagen, ist objektiv, und Sie legen Wert auf Genauigkeit und gedankliche Klarheit.
- In Ihrer Rede sind Sie konkret und spezifisch, und nicht abstrakt und theoretisch.
- In Ihren Präsentationen halten Sie sich an die Fakten und bieten praktische Anwendungen.
- Sie lassen sich überzeugen und überzeugen andere durch ordentliche, objektive Argumentation.

WAS SIE MOTIVIERT UND WAS SIE DEMOTIVIERT

- Sie bevorzugen ein stabiles, sicheres und berechenbares Umfeld.
- Sie suchen nach Gelegenheiten, mit solchen Menschen zusammenzuarbeiten, die ausdauernd an einer Sache dran bleiben können.
- Sie bevorzugen ein Umfeld, wo Sie mit anderen Menschen in Kontakt kommen.
- Sie arbeiten am besten in einer Atmosphäre, die Ihnen das Gefühl gibt, dass Sie dort hingehören.
- Sie möchten wissen, dass Ihre Bemühungen sich handfest und konkret auszahlen.
- Vermeiden Sie am besten solche Situationen, wo Sie keine Verantwortung übernehmen oder keine Kontrolle haben können.

IHR BEITRAG IM TEAM

- Sie sind ein Teamplayer.
- Sie sind treibende Kraft, wenn es um Planung und Durchführung geht.
- Sie fordern andere heraus, sich an Ihren hohen Maßstäben für exzellente Leistung zu messen.
- Sie denken an die konkrete Wirklichkeit und nicht so sehr an Zukünftiges.
- Sie führen das Geschäft in einer nüchternen und direkten Art.
- Es frustriert Sie, wenn Sie in einer Besprechung sitzen, wo man nicht auf den Punkt kommt oder wo man sich nicht an den vorgegebenen Ablaufplan hält.

- Sie mögen keine Aktivitäten, mit denen man die Zeit vergeudet oder die von den eigentlichen Aufgaben ablenken.

IHR PERSÖNLICHER LERNSTIL

- Sie bevorzugen strukturierte Lektionen mit einem klaren Lernziel und möchten keine Abweichungen im Ablaufplan.
- Sie lernen am besten, wenn es um etwas Handfestes geht, wenn es konkrete Übungen gibt – mit Tests und Auswendiglernen.
- Sie bevorzugen Lernstoff, in dem Fakten vermittelt werden. Sie haben wenig Verständnis für unpraktikable Konzepte.
- Sie erwarten von der Kursleitung Fairness, dass sie berechenbar ist und Regeln konsequent und durchgängig anwendet.

EINIGE VORSCHLÄGE FÜR IHRE PERSÖNLICHE ENTWICKLUNG

- Achten Sie auf Ihre Tendenz, manchmal zu derb zu sein; versuchen Sie Rücksicht zu nehmen auf die Bedürfnisse, Wünsche und Gefühle von anderen.
- Überprüfen Sie in regelmäßigen Abständen Ihre Erwartungen, die Sie anderen gegenüber haben – das ist wichtig, wenn Sie Menschen motivieren wollen.
- Üben Sie sich in der Kunst, positives Feedback zu geben.
- Seien Sie offen für neue Methoden, wie man etwas tun kann; hören Sie sich die Ideen, Alternativen und Informationen von anderen an.
- Schenken Sie übergeordneten Zusammenhängen mehr Aufmerksamkeit, damit Sie Ihre kurzfristigen Ziele darin einbetten können.

ENTJ
(Extravertiert, iNtuitiv wahrnehmen, analyTisch entscheiden, strukturorientiert – J)

Als ENTJ möchten Sie die Führung übernehmen. Selbstverständlich haben auch andere Persönlichkeitstypen eine natürliche Neigung zum Führen. Aber von den ENTJs sagt man, dass sie grundsätzlich nicht auf die Führungsrolle verzichten können. Ihr Platz ist vorne in der ersten Reihe. Sie trommeln das Team zusammen und bringen es nach vorne. Es wird Ihnen kaum gelingen, bescheiden im Hintergrund zu bleiben. Wenn Sie einer Führungskraft folgen müssen, können Sie das durchaus, solange Sie sich sicher sind, dadurch Ihrem eigenen Ziel näher zu kommen.

Sie sind ein Analytiker durch und durch. Analyse und objektive Kritik sind wie eine zweite Haut für Sie. Als ENTJ fällt es Ihnen oft schwer zu verstehen oder wertzuschätzen, wenn man in Ihrer Umgebung an etwas anderes als an Vernunftgründe appelliert. Sie mögen langfristige Planungen und Aktion. Ihre Art zu visionieren erlaubt Ihnen, mögliche Fallen weit im Voraus zu entdecken – oft jenseits des sichtbaren Horizonts. Ihr intellektueller und neugieriger Geist lässt sich anregen durch neue Ideen, Theorien und komplexe Probleme. Ihre organisatorischen Fähigkeiten ermöglichen es Ihnen für alle Fälle vorbereitet zu sein. Ihre strukturierte Art, wie Sie Ziele anpeilen können, versetzt Sie in die Lage, Ihre Ziele punktgenau zu erreichen. Andere bleiben oft im Kielwasser Ihres schnellen und entschiedenen Handelns zurück. Probleme sind für Sie eine Herausforderung. Sie zeigen Spitzenleistungen in Positionen, wo innovative Lösungen verlangt werden.

ENTJs sind schnell desillusioniert und unglücklich, wenn sie ausgebremst werden oder zu sehr unter Kontrolle stehen. Als ENTJ können Sie schlecht mit Unsicherheit, Furcht, Emotionalität, Ineffizienz oder Verwirrung umgehen. Wenn harte Entscheidungen verlangt werden und konsequentes Handeln gefragt ist, schreckt Sie das nicht ab. ENTJs können gut mit Risiko umgehen und haben keine Angst vor Veränderung. Mit Menschen gehen Sie direkt um. Sie reden nicht um den heißen Brei herum, sondern gehen direkt auf die Sache zu. Sie lassen sich auch gern die Art von Feedback gefallen, die andere als persönliche Kritik auffassen würden. Ihren eigenen Wert bemessen Sie an dem, was Sie erreicht haben. Manchmal setzen Sie Ihren persönlichen Maßstab für Leistung unerreichbar hoch. ENTJs haben die Tendenz, mehr in der Zukunft zu leben als in der Gegenwart und sich mit Leuten auf eine „Ideen-Ebene" zu begeben statt auf eine persönliche. Mit Ihrer kreativen Intellektualität stellen Sie mutig herkömmliche Theorien in Frage.

IHR BEITRAG ZUR ORGANISATION

- Mit Schwung und Bereitschaft greifen Sie ein, wo Ihnen Konfusion und Ineffizienz begegnet.
- Sie beherrschen Form und Struktur – Sie planen wohl überlegt und präzise.
- Sie wählen mit strategischem Spürsinn das richtungsweisende Projekt.
- Selten akzeptieren Sie als Antwort ein „Nein".
- Sie stellen sich gern mentalen Herausforderungen und lösen gern interessante Probleme.
- Sie produzieren Ergebnisse mit viel Elan.
- Sie können Menschen gegenüber ohne Blatt vor dem Mund entschieden und hartnäckig auftreten.
- Sie haben keine Angst vor Veränderung.
- Sie sind offen gegenüber neuen Ideen oder Strategien, die eine Sache schneller voranbringen könnten.

IHR BEVORZUGTER FÜHRUNGSSTIL

- Indem Sie direkt führen, generieren Sie Energie und Begeisterung für die Arbeit.
- Sie gehen objektiv an Situationen, Ziele und Aufgaben heran.
- Ihr Blick ist darauf gerichtet, ob erreichte Ergebnisse auf Linie der langfristigen Ziele liegen.
- Ihr Vorgehen ist logisch und entschieden, und Sie scheuen weder unpopuläre Entscheidungen noch Risiken.
- Sie wünschen sich in Ihrer Umgebung unabhängige und unabhängig denkende Kolleginnen, Kollegen und Mitarbeitende.
- Sie sind stolz darauf, dass Sie Leute gerecht behandeln und Ressourcen maximal ausschöpfen.

IHR BEVORZUGTER KOMMUNIKATIONSSTIL

- Wenn Sie reden, spürt man Energie, Spannung und Begeisterung.
- Ihre Antworten sind schnell und aus dem Stegreif.
- Sie sind eher eine Person des Wortes und nicht so sehr der Schrift.
- Sie sind kurz und bündig, präzise, genau und analytisch.

- Sie sind direkt und kommen auf den Punkt – bei langatmigen, detaillierten Ausführungen werden Sie ungeduldig.
- Gern diskutieren Sie das Für und Wider verschiedener Optionen.
- Sie überzeugen durch vernünftiges Argumentieren, und nicht so sehr durch Emotionen und Wertvorstellungen.

WAS SIE MOTIVIERT UND WAS SIE DEMOTIVIERT

- Sie mögen Situationen, die Hartnäckigkeit, Strategie und langfristige Perspektiven verlangen.
- Sie suchen sich gern Gelegenheiten, wo Sie Ihr Wissen erweitern können.
- Sie blühen auf, wenn Ihr Hunger nach Lösen von Problemen befriedigt ist.
- Sie bevorzugen Situationen, in denen Sie Ihre Vision umsetzen können.
- Sie suchen nach effizienten Systemen und Menschen – oder nach Gelegenheiten solche zu schaffen.
- Sie vermeiden Situationen, wo Sie nicht die Freiheit haben, Menschen, Mittel und Ressourcen zusammenzuführen.

IHR BEITRAG IM TEAM

- Sie bringen sich total in ein Projekt ein.
- Sie bringen den Fokus immer wieder auf die langfristigen Aspekte, sind zielorientiert und liefern Ergebnisse.
- Sie finden sofort die Ungenauigkeiten in einer vorgeschlagenen Lösung.
- Sie wirken auf andere manchmal übermächtig und beherrschend.
- Es irritiert Sie, wenn andere nicht denselben Grad an Selbstverpflichtung zeigen, was Zeitinvestition angeht.
- Sie sind nicht mehr daran interessiert, ein Thema weiter zu diskutieren, wenn es eigentlich schon abschließend behandelt worden ist.
- Alle Arten von Zeit- und Ressourcenverschwendung und alles, was nicht zur Zielerreichung beiträgt, irritieren Sie.

IHR PERSÖNLICHER LERNSTIL

- Sie möchten lernen, wie man etwas in Bewegung setzt, und möchten Methoden und Konzepte, wie man seine Karriere voranbringt.

- Sie suchen nach Aktion und Abwechslung im Seminar: Sie interessieren sich dafür, wie die vermittelte Information die Zukunft beeinflussen könnte.
- Sie lernen am besten mit einem Seminarleiter, der gut organisiert ist.
- Sie diskutieren gern und sind offen für kritisches Feedback.

EINIGE VORSCHLÄGE FÜR IHRE PERSÖNLICHE ENTWICKLUNG

- Drosseln Sie ab und zu Ihre Geschwindigkeit – die Fehlerquote nimmt zu, wenn Sie Entscheidungen zu schnell treffen.
- Seien Sie sensibel, was die Bedürfnisse und Unvollkommenheiten von Menschen betrifft; nehmen Sie Rücksicht auf andere, äußern Sie Lob und Wertschätzung.
- Geben Sie anderen den Freiraum, ihre eigenen Vorstellungen von Führung auch einbringen zu können.
- Richten Sie Ihre Aufmerksamkeit mehr auf die Details.
- Bedenken Sie, dass Emotionen und Werte eine wichtige Rolle in Ihrer Umgebung spielen.
- Ziehen Sie bei Ihren Entscheidungen alle Seiten in Betracht.

ISTP
(Introvertiert, Sinneswahrnehmung, analyTisch entscheiden, wahrnehmungsorientiert – P)

Als ISTP setzen Sie Ihre gut entwickelten rationalen Fähigkeiten ein, um mit wacher Aufmerksamkeit Situationen zu erfassen und sie objektiv zu analysieren. Sie konzentrieren sich normalerweise auf das Leben, wie es tatsächlich ist, und nicht so sehr darauf, warum es so ist, wie es ist. Sie setzen Ihr Denken unterstützend ein, um die Dinge zu erledigen. Sie gehen an neue Ideen oder Situationen heran und fragen sehr grundlegend „Was passiert?“, „Wie passiert es?“ und „Ist es nützlich für mich?“.

Wenn Ihre ganze Aufmerksamkeit darauf gerichtet ist herauszufinden, wie man etwas machen soll oder wieder zum Funktionieren bringen soll, versuchen Sie sorgfältig jede Ablenkung zu vermeiden. Sie können auch leicht untergehen in einer Ihrer bevorzugten Aktivitäten. ISTPs gehen ganz auf in dem, was sie tun, sie arbeiten genau und machen selten Fehler, wenn es um Daten und Fakten geht. Sie sagen gewöhnlich nichts, wenn alles in Ordnung ist, aber weisen sofort auf Probleme hin, wenn und wo sie entstehen. Ihre Freunde beschreiben Sie wahrscheinlich als eher zurückhaltend, ausdauernd, praktisch, an Fakten orientiert und fest im Hier und Jetzt verankert.

Sie brauchen auch Ihre Freiheit zum Experimentieren und für den direkten Kontakt mit dem Leben. Ihnen geht es gut, wenn Sie die Gegenwart genießen können und aus dem Impuls heraus handeln. ISTPs blühen auf, wenn es etwas zu tun gibt, und sind gut in Krisen. Sie haben gern mit Situationen zu tun, wenn das Ergebnis von Ihren eigenen erprobten Fähigkeiten für Problemlösungen abhängig ist. Oft haben ISTPs eine lebenslange Faszination an Maschinen, Instrumenten, Werkzeugen und anderen ähnlichen Objekten. Sie haben handwerkliches Geschick. Sie selbst mögen jedoch für sich beschlossen haben, dass die freie Rede im Vergleich zu anderen nicht Ihre Sache ist. Es kommt nämlich vor, dass die Konzentration auf Details in Ihrem Inneren so stark wird, dass Sie in Ihren Erklärungen jedes kleinste Detail abdecken wollen – mit der besten Absicht genau zu sein und verstanden zu werden. Sie sind in Ihrem Element, wenn Sie genügend Zeit zum Nachdenken finden. Da Sie absolut praktisch veranlagt sind und Ihr Interesse darauf gerichtet ist, Ergebnisse zu erzielen, können Sie erfolgreich sein.

IHR BEITRAG ZUR ORGANISATION

- Sie mögen das Risiko, das mit Veränderungen einhergeht.
- Sie sind optimistisch und gut gelaunt, wenn Sie mit einer Gruppe konkrete Themen angehen.
- Sie sind konkret und geradlinig in Ihrem Denken und Handeln.
- Sie sind sehr fähig im Umgang mit Mechanik und Technik.
- Sie lösen gern konkrete Probleme, am liebsten unabhängig von anderen.
- Sie organisieren Ressourcen und Energien, um unmittelbare Probleme zu lösen.
- Sie glänzen, wenn es auf unmittelbare Resultate ankommt; Sie leiden, wenn der Prozess zu langweilig ist.
- Sie orientieren sich an Projekten, Aktionen und kurzfristigen Ergebnissen.
- Sie konzentrieren sich auf die Lösung des Problems ungeachtet des Zeitaufwandes, der für die Erreichung des Ergebnisses notwendig ist.

IHR BEVORZUGTER FÜHRUNGSSTIL

- Sie führen durch Vorbild und durch Handeln, Sie sind pragmatisch und nicht aufdringlich.
- Sie wollen effiziente Leistungen.
- Sie lösen Probleme bzw. suchen nach angemessenen Lösungen und bleiben in Krisen gelassen; Sie kalkulieren die Risiken und schauen sich um, bevor Sie etwas wagen.
- Sie reagieren schnell, wenn Probleme auftauchen.
- Sie arbeiten am besten mit Mitarbeitern, die flexibel sind.
- Sie fördern Unabhängigkeit bei Ihren Mitarbeitern; soziale Nettigkeiten sind Ihnen nicht so wichtig.

IHR BEVORZUGTER KOMMUNIKATIONSSTIL

- Sie benutzen eine konkrete, bodenständige und vernünftige Sprache mit hintergründigem Humor.
- Sie überlegen, bevor Sie kurz antworten – weitere Informationen erhält man nur auf Nachfrage.

- Sie reden sachlich, und zwar eher mit Einzelnen als mit einer ganzen Gruppe.
- Sie liefern kurze Zusammenfassungen in mündlichen oder schriftlichen Berichten.
- In allen Kommunikationsformen verlassen Sie sich auf Objektivität und benutzen klare Bilder.
- Sie überzeugen und lassen sich überzeugen durch gesunden Menschenverstand und logische Analyse.

WAS SIE MOTIVIERT UND WAS SIE DEMOTIVIERT

- Sie arbeiten gern alleine und mögen es, wenn Sie sich nicht so sehr auf die Menschen konzentrieren müssen, sondern auf die Aufgabe.
- Sie schätzen eine angenehme Umgebung und Mitarbeiter, die Optimismus verbreiten.
- Sie suchen nach Möglichkeiten kreativ zu sein, möchten sich auf Risiken einlassen und Lösungen für Krisen zur Verfügung haben.
- Flexibilität, um autonom arbeiten zu können, ist Ihnen wichtig.
- Sie lösen gern spezifische und konkrete Probleme – am liebsten, wenn sie schwierig und ungewöhnlich sind.
- Sie versuchen Routine und alltägliche Detailarbeit möglichst zu vermeiden.

IHR BEITRAG IM TEAM

- Sie sind eine Quelle für Zahlen, Fakten, Details und verschiedene Sichtweisen.
- Mittels Ihrer analytischen Fähigkeiten organisieren Sie Aufgaben effizient.
- Sie halten durch, ungeachtet der Hindernisse.
- Sie konzentrieren sich auf die Lösung von aktuellen und anliegenden Problemen, und tun das mit einem gewissen Flair.
- Sie ärgern sich maßlos über widersprüchliches Verhalten und Menschen, die überhaupt nicht logisch denken können.
- Sie hassen Besprechungen, die keinem praktischen Zweck dienen.
- Sie mögen es nicht, ständig im Team zu arbeiten.
- Sie drängen darauf, dass etwas geschieht und können ungeduldig werden, wenn durch andere Verzögerungen eintreten.

IHR PERSÖNLICHER LERNSTIL

- Sie möchten Ihr Praxiswissen und Ihre Fähigkeiten erweitern durch selbständiges Lernen.
- Sie lernen durch eigenes Tun und aufgrund von direkten Beobachtungen und in Zweiergruppen, wo man sich mit praktischen Dingen beschäftigt.
- Sie untersuchen, „wie“ etwas funktioniert, was die technischen Komponenten sind und wozu man es braucht.
- Sie schätzen Lehrer mit Lebenserfahrung.

EINIGE VORSCHLÄGE FÜR IHRE PERSÖNLICHE ENTWICKLUNG

- Lernen Sie sich zu öffnen, sich verbal mitzuteilen, so dass andere nicht so sehr von Ihren Handlungen überrascht werden.
- Machen Sie es sich zur Gewohnheit, Ziele zu setzen, zu planen und sich an einen Ablaufplan zu halten.
- Entwickeln Sie eine größere Sensibilität für die Bedürfnisse von anderen.
- Denken Sie gründlich über die langfristigen Auswirkungen von dem nach, was Sie heute tun.
- Konzentrieren Sie sich darauf, zuerst einmal die Ergebnisse aus Ihren laufenden Projekten zu sehen, bevor Sie neue Projekte beginnen.

INTP

(Introvertiert, iNtuitiv wahrnehmen, analyTisch entscheiden, wahrnehmungsorientiert – P)

Wie die großen Theoretiker und Genies des analytischen Denkens haben INTPs die Fähigkeit sich auf ein Ziel zu fixieren, ohne sich dabei ablenken zu lassen, und umgehen Hindernisse. Originalität, Erkenntnis und Kreativität sind die Kennzeichen für INTPs. Sie besitzen Originalität, haben großartige Einsichten, sind intellektuell neugierig, schnell im Verstehen und können auf einen Reichtum an Ideen zurückgreifen, um mit Problemen fertig zu werden.

Voll in Anspruch genommen von der inneren Welt der Gedanken und Ideen setzen Sie als INTP Ihre rationalen Fähigkeiten in einer auf die Verhältnisse abgestimmten, objektiven und unpersönlichen Weise ein. Ihre Freunde und Ihre Kolleginnen und Kollegen beschreiben Sie wahrscheinlich als subtil, ideenreich, genial und ein wenig zurückhaltend.

Ihre Stärke ist Ihre Fähigkeit, die grundlegenden Prinzipien eines Systems, eines Vorgangs oder eines Problems gründlich zu reflektieren. Als INTP haben Sie die Tendenz, sich in Ihrer Gedankenwelt einfach zu verlieren. Es bereitet Ihnen keine Mühe, sich von einer intuitiven Einsicht in die nächste zu bewegen. Bevor Sie Ihre Gedanken äußern, werden Sie stets als erstes sicher stellen, dass Sie sie in Ihrem Kopf gut geordnet haben. Das ist der Grund, dass man Sie manchmal als zurückhaltend und reserviert erlebt. Weil Sie Ihre Gedanken und Konzepte genau zum Ausdruck bringen wollen, werden Unterhaltungen oft zu einer Erörterung über die exakte Wahrheit des kleinsten Teils vom großen Puzzle.

Lernen hat einen sehr hohen Stellenwert für Sie, und allein die Vorstellung von Intelligenz fasziniert Sie. Sie setzen hohe Maßstäbe, haben eine Liste im Kopf von Dingen, die Sie lernen, erreichen und beherrschen sollten. Sie sind so perfektionistisch, dass Sie manchmal gar nicht bemerken, dass Sie den Punkt überschritten haben, wo es eigentlich „gut genug" gewesen wäre. Sie bevorzugen eine ruhige Arbeitsumgebung und können gut allein arbeiten. Lange Arbeitszeiten ohne Pause sind für Sie kein Problem. Ihr Blick schweift immer über den Horizont und Sie suchen in jeder Situation nach Möglichkeiten, die Sie vielleicht übersehen haben. Dies macht Sie zum Forscher und Visionär. Vor allem schätzen Sie Intelligenz. Sie versuchen ständig, Ihren Wissenshorizont zu erweitern und Möglichkeiten jenseits des sichtbaren, bekannten und offensichtlichen Horizonts zu entdecken.

IHR BEITRAG ZUR ORGANISATION

- Sie versuchen ständig, sich Wissen und Kompetenzen anzueignen.
- Sie sind flexibel, unstrukturiert und haben nicht unbedingt die Regeln und Abläufe im Blick.
- Sie sind ein Stratege und Visionär.
- Beim Lösen von Problemen legen Sie Wert auf systematisch intellektuelle Genauigkeit und auf Expertenwissen.
- Sie mögen die Welt der Ideen, Analysen und Entwürfe von komplexen Systemen.
- Sie haben klar definierte Interessen und arbeiten gern auf einer intellektuellen Ebene.
- Sie sind ein zurückhaltender, ruhiger und sehr tiefsinniger Leistungsträger.
- Sie sind voll und ganz damit beschäftigt, Antworten auf Ihre wichtigen Fragen zu finden.

IHR BEVORZUGTER FÜHRUNGSSTIL

- Sie bevorzugen gewöhnlich Autonomie und lösen gern komplexe Probleme.
- Sie bevorzugen den Austausch eher auf der intellektuellen als auf der persönlichen Ebene – Sie schaffen Beziehung zu anderen über Expertenwissen.
- Sie planen einen Ablauf und konzentrieren sich auf die langfristigen Aspekte.
- Sie stellen einem Team die Optionen vor und treffen Konsens- oder Mehrheitsentscheidungen.
- Sie gehen kreativ mit Krisen um, lassen sich jedoch nicht auf unnötige Risiken ein.

IHR BEVORZUGTER KOMMUNIKATIONSSTIL

- Sie behalten Ihre Energie und Ihre positive Spannung in Ihrem Inneren.
- Sie denken zuerst nach, bevor Sie antworten, und man muss vieles aus Ihnen herauslocken.
- Sie sprechen lieber mit Einzelnen anstatt vor großen Gruppen.
- Sie schreiben lieber ein Memo, statt mit der Person direkt oder in Besprechungen zu reden.

- Ihre Kommentare sind kurz, auf den Punkt gebracht, ohne Wiederholung und Redundanz.
- Ihre Präsentationen sind sehr komplex und abstrakt.
- Sie überzeugen und lassen sich überzeugen aufgrund durchdachter, rationaler Analyse.
- Sie kommunizieren, indem Sie objektive Gründe geben und nicht so sehr persönliche Beispiele.

WAS SIE MOTIVIERT UND WAS SIE DEMOTIVIERT

- Sie müssen ständig etwas erreichen, sich neues Wissen aneignen und an Kompetenz gewinnen.
- Sie bevorzugen ein nicht-emotionales, objektives Umfeld, in dem man Wert legt auf Gerechtigkeit und Genauigkeit.
- Sie sind erfolgreich, wenn Sie nicht durch Regeln, bestimmte Abläufe und tägliche Routine eingeschränkt werden.
- Sie mögen eine friedliche und ruhige Umgebung und Zeit für sich alleine.
- Sie mögen Gelegenheiten zu forschen, Analysen zu erstellen und Zukunftsprojekte zu entwerfen.
- Sie lassen sich irritieren durch Fehler, durch ständige Wiederholungen und Ineffizienz.

IHR BEITRAG IM TEAM

- Sie sind eher zurückhaltend; Sie arbeiten lieber alleine.
- Sie lösen Probleme und identifizieren die tiefer liegenden Aspekte.
- Sie bieten unparteiische Beobachtungen und Wahrnehmungen an, Sie begründen Entscheidungen logisch und vernünftig.
- Es ist klar, dass Sie die Quelle für Expertenwissen sind.
- Sie können andere leicht irritieren, indem Sie zu intellektuell sind und alles auf logische Zusammenhänge reduzieren.
- Sie können frustriert sein, wenn keine klare Vision, Richtung oder Selbstverpflichtung vorhanden ist.
- Sie ärgern sich über Verschwendung und Unterbrechungen.

IHR PERSONLICHER LERNSTIL

- Sie sind Anhänger der Philosophie vom lebensbegleitenden und vor allem reflektierenden Lernen.
- Sie konzentrieren sich auf die Konzepte und abstrakten Theorien; Sie identifizieren die funktionalen Prinzipien und Kategorien – und Sie langweilen sich, wenn man Details auswendig lernen muss und abgefragt wird.
- Sie konzentrieren sich auf den großen Zusammenhang und tauchen tief in das Thema ein.
- Sie zögern nicht, Lehrer und Moderatoren in Frage zu stellen.

EINIGE VORSCHLÄGE FÜR IHRE PERSÖNLICHE ENTWICKLUNG

- Versuchen Sie, auf das zu achten und das zu kommentieren, was Leute richtig machen.
- Versuchen Sie, an einer Sache dran zu bleiben und zum Handeln zu kommen.
- Üben Sie, sich nicht mit den kleineren Unvollkommenheiten aufzuhalten, die ein Projekt unendlich lange aufhalten können.
- Suchen Sie mehr Verständigung und Kommunikation mit anderen, damit diese Ihre Überlegungen besser nachvollziehen können.
- Bitten Sie andere um Feedback; mit Ihrer Tendenz zum Perfektionismus sind Sie Ihr eigener schlimmster Kritiker.

ESFJ

(Extravertiert, Sinneswahrnehmung, wertorientiert entscheiden – F, strukturorientiert – J)

ESFJs zeigen sich nach außen gewandt und freundlich. Sie möchten gern Kooperation und Harmonie fördern. Sie sind praktisch veranlagt, richten sich nach Konventionen, sind sensibel und fürsorglich – und das alles gleichzeitig. Wärme in persönlichen Beziehungen, Zuwendung und Wertschätzung sind das, was Sie als ESFJ am Leben erhält. Sie sind freundlich, selbstlos, kümmern sich um andere, besonders um solche, die auf der Verliererseite des Lebens stehen und einen Helfer brauchen. Ihr Pflichtgefühl ist eine treibende Kraft in Ihnen und drängt Sie dazu, mehr und mehr Verantwortung für das Wohl anderer zu übernehmen. Ihr Wunsch anderen behilflich zu sein kann so stark sein, dass Sie Schwierigkeiten haben, kritische Bemerkungen nicht persönlich zu nehmen.

Sie neigen dazu, ganz im Hier und Jetzt zu leben. Ihre Interessen sind in der konkreten Wirklichkeit verankert – in Erfahrungen, in Dingen, in Menschen. ESFJs beobachten das Leben mit wachem Blick. Sie registrieren alles genau, was Sie mit Ihren Sinnen aufnehmen, und speichern eine erstaunliche Menge an Eindrücken und Daten in Ihrem Gedächtnis. Abstrakte Darstellungen und Theorien beeindrucken Sie überhaupt nicht. Wenn Sie auf eine Idee hin angesprochen werden, möchten Sie lieber erst den konkreten Plan dazu in der Hand haben. Spekulationen und das Spiel mit Theorien interessiert Sie nur dann, wenn es dabei in erster Linie um Menschen geht. Sie haben ein ausgeprägtes Gespür für die Gefühle von anderen. Alles Gehabe und politische Schachzüge bereiten Ihnen wahrscheinlich eher Sorge und Kopfzerbrechen. Sie brauchen Harmonie, um gut und glücklich arbeiten zu können. Aufgrund Ihrer Offenheit arbeiten Sie wahrscheinlich lieber in einer Gruppe oder in einer Gemeinschaft mit anderen Menschen als alleine.

Kommunikation in allen Varianten fällt Ihnen leicht. Sie sind oft ein unterhaltsamer Gesprächspartner bzw. eine unterhaltsame Gesprächspartnerin und können aufmerksam zuhören. Sie sind geduldig und gewissenhaft und geben sich Mühe, eine angefangene Arbeit bis zum Ende durchzuführen – dabei achten Sie sehr auf die Details. Wenn Sie in eine Organisation eintreten, so geschieht das vor allem, weil Sie dazu gehören wollen. In Gruppen, in die Sie eintreten, übernehmen Sie sehr schnell Verantwortung. ESFJs bilden das Fundament jeder Organisation – sie werden in Gremien und Arbeitsgruppen gewählt und sorgen dafür, dass alles in einem absolut zuverlässigen Stil erledigt wird. ESFJs sind diejenigen, die Organisationen aufbauen und erhalten.

IHR BEITRAG ZUR ORGANISATION

- Sie wenden sich der Außenwelt zu, sind gesellig und erhalten Beziehungen aufrecht.
- Sie packen mit an, suchen die Verantwortung und man kann sich auf Sie verlassen.
- Sie zeigen Fähigkeiten in der Logistik und orchestrieren die Ressourcen, um Ziele zu erreichen.
- Sie bringen in Geschäftsprozesse eine sehr persönliche Note ein und übertreffen andere, wenn es darum geht, konkrete Produkte zu verkaufen.
- Sie führen Aufgaben effizient aus – pünktlich, mit persönlicher Wärme und geben sich Mühe, Harmonie herzustellen.
- Sie haben gute organisatorische Fähigkeiten, die zu hoher Produktivität führen.
- Sie versuchen, Risiken zu minimieren, und bevorzugen eher den konservativen Weg.
- Sie fühlen sich wohler mit Fakten und mit der konkreten Wirklichkeit als mit Theorien.

IHR BEVORZUGTER FÜHRUNGSSTIL

- Sie übernehmen gern die Führung, wenn es kein anderer tut.
- Sie führen andere eher mit persönlicher Überzeugung als mit analytischem Kalkül.
- Sie zeigen Aufmerksamkeit für die Bedürfnisse, Wünsche und Werte anderer und bauen Loyalität auf.
- Sie sollten versuchen, Ihre Arbeitslast zu kontrollieren, um Krisen zu vermeiden.
- Veränderungen oder das Umgehen von Vorschriften und geregelten Abläufen mögen Sie nicht so sehr.

IHR BEVORZUGTER KOMMUNIKATIONSSTIL

- Sie reden mit Energie und Überzeugungskraft in konkreten und klaren Begriffen.
- Sie antworten spontan aus dem Stegreif.

- Sie sprechen lieber persönlich mit jemandem, statt schriftlich zu kommunizieren.
- Wenn es darum geht, die einzelnen Schritte für eine Aufgabe zu planen, tun Sie das, indem Sie darüber sprechen.
- Sie präsentieren zuerst die Fakten und illustrieren diese mit praktischen Anwendungen.
- Sie konzentrieren sich auf kurzfristige aktuelle Realitäten statt auf langfristige zukünftige Möglichkeiten.
- Sie sprechen über persönliche Erfahrungen, wenn Sie etwas verdeutlichen wollen.
- Sie überzeugen, wenn Sie Ihre Sache emotional, strukturiert und der Reihe nach präsentieren.

WAS SIE MOTIVIERT UND WAS SIE DEMOTIVIERT

- Sie funktionieren am besten in einer stabilen und sicheren Umgebung.
- Sie blühen auf in einem kooperativen und harmonischen Umfeld.
- Sie sind am produktivsten, wenn die Erwartungen an Sie klar geäußert werden.
- Sie bevorzugen ein Umfeld, in dem es um konkrete Details geht.
- Sie brauchen ausreichend Zeit, um Projekte pünktlich, genau und ordentlich zu erledigen.
- Sie sollten auf jeden Fall Situationen vermeiden, wo Sie nicht nahe genug am Projekt und an Menschen dran sind.

IHR BEITRAG IM TEAM

- Sie sorgen für Begeisterung und Organisation im Team.
- Sie sorgen für eine systematische und praktische Betrachtungsweise.
- Sie konzentrieren sich auf das Einhalten von Verabredungen, Tagesordnungen und die Anwendung von praktischen Methoden.
- Sie wissen, wie wichtig jede Person für das Team ist und welchen Beitrag sie geleistet hat.
- Solche Teammitglieder irritieren Sie, die sich nicht beteiligen oder keine Verantwortung übernehmen.

- Sie werden ungeduldig, wenn andere Zeit verschwenden oder während der Sitzung von der Tagesordnung abweichen.

IHR PERSÖNLICHER LERNSTIL

- Sie bevorzugen praktische und pragmatische Themen, bei denen Anwendungsaspekte im Vordergrund stehen.
- Sie arbeiten am besten in Gruppenprojekten oder mit handfesten Experimenten, bei denen man etwas lernen kann.
- Sie bevorzugen strukturierte Lernsysteme, bei denen man auswendig lernen muss und wo das Gelernte getestet wird.
- Sie lernen am besten, wenn Sie zuerst Erfahrungen mit einem Thema machen, bevor Sie etwas darüber lesen.

EINIGE VORSCHLÄGE FÜR IHRE PERSÖNLICHE ENTWICKLUNG

- Üben Sie „Nein-Sagen", um Überlastung und seelisches Ausbrennen zu vermeiden.
- Lernen Sie, Feedback anzunehmen und dabei sachlich zu bleiben.
- Versuchen Sie, etwas flexibler zu werden, und ändern Sie eine Entscheidung, wenn neue Informationen auf dem Tisch liegen.
- Hören Sie auf die Vorschläge, die andere einbringen, ob und wie man eine Sache eventuell anders angehen oder in einer neuen Weise tun könnte.
- Erinnern Sie sich daran, dass Sie ab und zu den großen Zusammenhang in den Blick nehmen sollten statt das winzige Detail.

ENFJ
(Extravertiert, iNtuituv wahrnehmen, wertorientiert entscheiden – F, strukturorientiert – J)

Als ENFJ legen Sie besonderen Wert auf harmonische Beziehungen. Sie möchten Kooperationen herstellen und pflegen. Sie haben starke Ideale und klare Wertvorstellungen. Loyalität ist Ihnen ganz wichtig – Loyalität zu Ihrem Arbeitgeber, in Ihrer Partnerschaft, zu Ihrer Schule, Ihrem Ort, zu einer Sache, die Ihnen sehr wichtig ist, oder in einer Koalition, die Sie eingegangen sind. Sie können gut mit Leuten umgehen und sie so motivieren, dass die Dinge erledigt und gleichzeitig alle bei Laune gehalten werden.

Sie haben überhaupt kein Problem, mit ganz unterschiedlichen Situationen fertig zu werden, regen sich aber über das Chaos auf, wenn etwas nicht gut organisiert ist. Sie selbst haben ein schlechtes Gefühl, wenn Sie ohne Plan oder ohne klare Zielvorstellungen an eine Sache heran gehen müssen.

Sie übernehmen gern Verantwortung für Planung oder wenn Aufgaben delegiert oder Projekte entwickelt werden müssen. ENFJs bleiben normalerweise geduldig und gewissenhaft am Ball, bis eine Arbeit abgeschlossen ist. Wenn es eine Diskrepanz gibt zwischen Ihrem Tun und Ihrer Idealvorstellung, spüren Sie Ihre Unzufriedenheit und haben eventuell sogar Schuldgefühle. Sie können dann härter mit sich selbst ins Gericht gehen als es der Sache eigentlich angemessen ist. Je ausgeprägter das ENFJ-Profil, um so auffälliger der Hang zum Idealisieren. Sie suchen nach Wahrheit im Sinne von Echtheit. Wenn Sie den Horizont nach Möglichkeiten absuchen, leitet Sie vor allem Ihr Interesse für die Menschen. Dabei überlegen Sie, wie bestimmte Ideen verwirklicht werden könnten. Wenn Sie diese Neigungen bei sich selbst fördern, werden Sie Ihren Weg als Entdecker und Visionär gehen.

Sie sind ein Überzeugungskünstler – dabei ist eher die Rede als das geschriebenen Wort Ihr bevorzugtes Terrain. Mit Worten können Sie gut umgehen – Ihre lebendige und bildhafte Sprache ist der Beleg.

Wenn Sie direkten Kontakt mit Menschen haben, laufen Sie zur Hochform auf. Sie haben Spaß an gemeinsamen Unternehmungen und sind erfolgreich, wenn Sie in einer Gruppe arbeiten. Beziehungen sind für Sie der entscheidende Fokus. Sie investieren Ihre Zeit, Energie und Geduld vorwiegend in Beziehungen.

Ihre persönlichen Stärken liegen in Ihrer Wortgewandtheit, in Ihrer Empathiefähigkeit und darin, dass sie Kooperationen und Harmonie herzustellen vermögen.

IHR BEITRAG ZUR ORGANISATION

- Wenn ein Teamprojekt ansteht, bringen Sie Energie, persönliche Zuwendung, Begeisterung und Kooperationsstärke ein.
- Sie sind ein Katalysator und können das Beste in Menschen abrufen.
- Sie fördern den technologischen Fortschritt und bemühen sich um Effizienz.
- Sie planen sorgfältig, um Ihre Ziele zu erreichen.
- Sie bringen Struktur in die Dinge, fördern und fordern eine positive Einstellung und haben ein soziales Bewusstsein.
- Im Führen betonen Sie ethische Grundsätze.
- Durch Ihren Beitrag bekommen Werte etwas Reales und Bodenständiges.
- Sie können Trends und mögliche Gefahren erkennen.

IHR BEVORZUGTER FÜHRUNGSSTIL

- Sie führen am besten in der Rolle des Moderators.
- Sie glauben, dass etwas erreicht wird, wenn man an den Beziehungen arbeitet.
- Sie verlangen die Stimmigkeit von Zielen, Handlungen und Werten der Organisation.
- Sie unterstützen gern, wenn es darum geht, Gruppen zu koordinieren und Projekte zu steuern.
- Sie versuchen den Ablauf im Blick zu behalten, um Krisen vorzubeugen; doch wenn es zur Krise kommt, erkennen Sie sehr schnell, welche Auswirkungen sie auf die Menschen haben wird.
- Sie inspirieren diejenigen, die Sie leiten und führen, zu Innovation und Wandel.

IHR BEVORZUGTER KOMMUNIKATIONSSTIL

- Wenn Sie eine Rede halten, spürt man Energie und positive Spannung.
- Sie antworten spontan aus dem Stegreif.
- Sie kommunizieren besser direkt und persönlich als schriftlich.
- Ihre Sprache ist durchwebt von Metaphern, Analogien und Symbolen.
- Sie hören und horchen nicht nur auf das, was gesagt wird, sondern auch auf das, was NICHT gesagt wird.

- Sie diskutieren zukünftige Herausforderungen, um Ihre Umgebung auf potenzielle Probleme vorzubereiten.
- Sie überzeugen, indem Sie den Inhalt emotional bzw. mit einer persönlichen Note vortragen.
- Sie sprechen über persönliche Erfahrungen, um Ihre Sache zu vermitteln.

WAS SIE MOTIVIERT UND WAS SIE DEMOTIVIERT

- Sie bevorzugen ein geordnetes und harmonisches Umfeld, in dem Sympathie füreinander eine wichtige Rolle spielt.
- Sie brauchen Anerkennung und Gelegenheiten sich selbst darzustellen.
- Sie bevorzugen Projekte, in denen Kreativität gefordert ist und andere beteiligt sind.
- Sie brauchen und möchten den Kommunikationsfluss.
- Sie mögen Arbeiten, die nicht strikt aufgabenorientiert sind.
- Sie sind frustriert, wenn in einer Situation nur kalte, unpersönliche Logik zum Tragen kommt.

IHR BEITRAG IM TEAM

- Sie leiten und moderieren in einer natürlichen Weise.
- Wenn Sie die einzelnen Planungsschritte entwickeln, haben Sie dabei die Werte oder Ideale im Kopf, um die es im Projekt geht.
- Sie sorgen für Struktur, Organisation, Sensibilität, Konsens und Kooperation.
- Sie erlauben den Teammitgliedern, Fehler zu machen und daraus zu lernen.
- Sie können andere Mitglieder dadurch irritieren, dass Sie sich zu ausschließlich auf die persönlichen Anliegen konzentrieren.
- Sie lassen sich von Teammitgliedern irritieren, die Zeitabsprachen oder Termine nicht einhalten und sich anderen gegenüber intolerant verhalten.

IHR PERSÖNLICHER LERNSTIL

- Sie lernen am besten in einer strukturierten Lernumgebung.
- Sie halten das Gespräch mit anderen und die Diskussion über den Lernstoff für sehr wichtig.

- Sie lernen am besten, wenn Sie eine Vorstellung davon haben, wie das, worum es geht, Menschen helfen könnte.
- Sie mögen Theorien und Abstraktes.
- Sie haben etwas gegen Lehrer und Moderatoren, die keine persönliche Ausstrahlung haben.

EINIGE VORSCHLÄGE FÜR IHRE PERSÖNLICHE ENTWICKLUNG

- Achten Sie darauf, wie Sie persönlich mit Ihrer Loyalität umgehen – dass Sie sich nicht in blinder Loyalität einer Gruppe, einem Projekt oder einer Sache hingeben.
- Bedenken Sie, dass nicht jeder Ihren Grad an Hingabe lebt.
- Vermeiden Sie, sich übermäßig den Ansprüchen anderer Menschen zu beugen.
- Es kann immer wieder vorkommen, dass Sie Kritik sehr persönlich nehmen. Nehmen Sie Kritik als nützliches Feedback für Ihre persönliche Entwicklung.
- Nehmen Sie sich Zeit, wenn Sie Entscheidungen treffen. Achten Sie darauf, dass Sie die Zusammenhänge genügend reflektiert haben.
- Achten sie auf Einzelheiten – es kann sein, dass Sie wichtige Fakten und Rahmenbedingungen nicht im Blick haben. Wenn Sie etwas präsentieren müssen, sollten Sie bewusst darauf achten, genaue Einzelheiten und Sachinformationen einzubeziehen.

ISFP
(**I**ntrovertiert, **S**inneswahrnehmung, wertorientiert entscheiden – **F**, wahrnehmungsorientiert – **P**)

Als ISFP sind Sie von Natur aus fröhlich und umgänglich, zeigen persönliche Wärme, sind sensibel und schützen Ihre tief verankerten persönlichen Werte manchmal vor den Augen der anderen. Sie konzentrieren sich auf Ihre persönlichen Werte und nehmen die Klärung, was Ihnen persönlich am wichtigsten ist, sehr ernst. Wenn andere Sie nur als sorgenfrei und lebendig erleben, übersehen sie Ihre innere Tiefe und Komplexität.

Als ISFP können Sie sich sehr gut in andere hineinversetzen. Sie sammeln eine Fülle von Informationen über andere, versuchen sie zu deuten und überlegen, wie Sie ihnen helfen können. Sie sind oft außergewöhnlich treffsicher in Ihrer Einschätzung von anderen. Sie haben eine optimistische, im Hier und Jetzt verankerte Persönlichkeit mit einem ausgeprägten Sinn für das Praktische. Ihre Spontaneität und Ihr Sinn für Humor tragen zu Ihrer Reputation bei – man hält Sie für jemanden, der gern spielt. Sie sind zufrieden, wenn Sie Ihr Leben heute unbelastet von den langweiligen oder fordernden Routinen des Alltags leben können. Wenn es etwas zu tun gibt, fühlen Sie sich gut. ISFPs mögen die reale Welt: die Natur, das Anfassbare, technisches Zubehör, Werkzeuge und Dinge, die sie mit ihren Händen bearbeiten können. Sie mögen all das, was Ihnen hilft sich direkt physisch auszudrücken.

ISFPs bevorzugen klare, verständliche, direkte und präzise Verständigung. Als ISFP lösen Sie gern Probleme, indem Sie zupacken – in einer angenehmen, sympathischen, auf Menschen bezogene Art. Sie haben ein Gespür für die Gefühle und Bedürfnisse anderer Menschen und haben ein tief empfundenes Verlangen, ihnen zu helfen. Sie loben das, was andere zustande gebracht haben, sind ganz Ohr, wenn sie Ihnen von ihren Problemen berichten und wollen möglichst nicht der Überbringer oder die Überbringerin von schlechten Nachrichten sein. Und dennoch zeigen Sie Mut und Stärke, wenn es darum geht, Probleme oder Aufgaben anzupacken, die nach einer sofortigen, praktischen Lösung verlangen. ISFPs haben die Tendenz, ständig mental aktiv zu sein. Sie haben eine besondere Fähigkeit, Nachdenken und Handeln in der Balance zu halten. Sie erfassen in einer Situation sofort, was zu tun ist, und handeln ohne hin und her zu überlegen, welche anderen möglichen Optionen es noch geben könnte. Weil Sie als ISFP in der Krise die Ruhe bewahren und leicht und gelassen den Informationswirrwarr sortieren können (sogar mit einem gewissen Flair), hat es den Anschein, dass Sie ohne große Mühe eine Lösung finden. Aber das ist nur eine von Ihren vielen Begabungen.

IHR BEITRAG ZUR ORGANISATION

- Ihre Einstellung und Ihr Ausblick ist optimistisch.
- Sie haben keine Angst vor Risiko oder Veränderung, besonders wenn Sie dies selbst ausgelöst haben.
- Sie haben bei der Arbeit die Menschen im Blick, die die Arbeit tun, und möchten, dass es ihnen gut geht.
- Sie setzen auf persönliche Loyalität und sanfte Überzeugung, um andere zu motivieren.
- Sie vermeiden verzwickte Probleme und sind überzeugt, dass Worte billig sind – Ihr Spruch ist: „Zeigen Sie mir Ergebnisse".
- Sie übertreffen sich selbst, wenn Sie auf eine Krise reagieren.
- Sie gehen von Natur aus taktisch an die Dinge heran; Sie mögen die Herausforderung, die Vielfalt und abwechslungsreiche Arbeit.
- Sie möchten mit Ihren Lösungen und Ergebnissen etwas bewirken.
- Sie bringen Kunstfertigkeit und Ästhetik in Ihre Arbeit ein.
- Sie lieben es, Hindernisse zu überwinden.
- Sie sind nachdenklich und praktisch veranlagt, Sie lösen anfallende und konkrete Probleme.
- Sie schaffen die Verbindung zwischen Menschen und Aufgaben, und zwar in einer Weise, dass Kooperation untereinander gefördert wird.

IHR BEVORZUGTER FÜHRUNGSSTIL

- Sie werden mit schwierigen Situationen fertig und passen sich schnell an; Sie suchen nach der günstigsten Lösung bei einem Problem.
- Sie arbeiten gern unabhängig und möchten selbst bestimmen, und Sie bewundern die kreative Initiative von anderen.
- Sie glauben an überdurchschnittliche Leistungen und halten nichts von Amt und Würden.

IHR BEVORZUGTER KOMMUNIKATIONSSTIL

- Sie bewahren Ihre Energie, Ihre positive Spannung und Begeisterung in Ihrem Inneren.
- Sie denken nach, bevor Sie antworten, und warten auf die Aufforderung, sich der Außenwelt zuzuwenden.

- Sie reden lieber mit Einzelpersonen statt vor großen Gruppen.
- Sie möchten kurz zusammengefasste Informationen erhalten.
- Ihre Sprache ist konkret und spezifisch; was einer tut, spricht deutlicher als das, was er sagt.
- Wenn Sie kommunizieren, tun Sie das, indem Sie auf Ihre persönliche Erfahrung zu sprechen kommen.
- Sie überzeugen und lassen sich überzeugen, wenn jemand bei seiner Präsentation Emotionen zeigt und wenn das Ganze eine persönliche Note hat.
- In der Kommunikation mit anderen konzentrieren Sie sich auf das Hier und Jetzt.

WAS SIE MOTIVIERT UND WAS SIE DEMOTIVIERT

- Sie mögen Aktivitäten, auf die Sie sich völlig einlassen können.
- Sie mögen flexible Pläne und keine Routinen; für Überraschungen sind Sie offen.
- Sie mögen die Vielfalt, die Herausforderung, die Spannung und Gelegenheiten, Probleme zu lösen.
- Sie bevorzugen fassbare Projekte, in denen Handeln und konkrete, spezifische Ergebnisse gefragt sind.
- Sie suchen die Freiheit von Regeln, Abläufen, Regularien, Hierarchien und strikten Befehlsketten.
- Sie mögen auf keinen Fall mit Leuten zusammenarbeiten, die Trübsal blasen.

IHR BEITRAG IM TEAM

- Sie sind bereit, alles zu erledigen, was getan werden muss.
- Sie sorgen im Team für den feinen Humor.
- Sie bringen Ideen für das Hier und Jetzt ein, die andere dann umsetzen können.
- Sie bringen eine gute Portion gesunden Menschenverstand in Projekte und Problemlösungen ein.
- Sie können anderen durch Ihre extreme Sensibilität unter Umständen lästig werden.
- Sie haben Schwierigkeiten mit Gruppen, die nicht zusammen arbeiten wollen.

- Sie können sich über Teammitglieder ärgern, die intolerant gegenüber Ideen und Beiträgen von anderen sind oder die zu spät kommen und keinen Respekt für andere zeigen.

IHR PERSÖNLICHER LERNSTIL

- Sie mögen Themen, die relevant, praktisch und anwendbar sind, und wo die Menschen im Blick sind.
- Sie mögen Lernsituationen, wo Ihnen Flexibilität, Freiheit und Spontaneität geboten wird.
- Sie lernen am besten durch praktische Erfahrung.
- Sie leben auf in einer Umgebung, wo die Lehrenden sich um die Lernenden kümmern und ihnen viel Ermutigung zukommen lassen.

EINIGE VORSCHLÄGE FÜR IHRE PERSÖNLICHE ENTWICKLUNG

- Entwickeln Sie die Fähigkeit, kritisches Feedback zu geben und dabei etwas objektiver zu sein.
- Nehmen Sie Kritik nicht so persönlich – betrachten Sie Kritik als nützliches Feedback für Ihre persönliche Entwicklung.
- Üben Sie sich darin, Termine einzuhalten und einem Ablaufplan zu folgen.
- Lernen Sie beides zu beachten: die konkrete Wirklichkeit und die großen Zusammenhänge.
- Denken Sie an Ihre persönlichen Bedürfnisse, damit Sie innerlich nicht ausbrennen.
- Lernen Sie für sich die Stimme zu erheben, damit Ihre Beiträge und Leistungen gewürdigt werden.

INFP
(Introvertiert, iNtuitiv wahrnehmen, wertorientiert entscheiden – F, wahrnehmungsorientiert – P)

Als INFP zeigen Sie eine hohe Sensibilität. Ihre Kapazitäten für Emotionalität sind enorm. Sie hüten und schützen diese. Sie müssen Menschen schon gut kennen, bevor Sie persönliche Wärme zeigen, Ihren Schutzwall abbauen und Vertrauen schenken. Beziehungen sind für Sie ein zentrales Thema. Sie versuchen andere auf einer tiefen Ebene zu verstehen und erwarten, dass dieses Verständnis von der anderen Seite erwidert wird in Form von Liebe und Zuwendung.

INFPs schätzen innere Prozesse mehr als äußere Zeichen. Ihre Handlungen und Haltungen werden von einer starken inneren Werteorientierung gesteuert, unabhängig von den Urteilen anderer. Sie haben einen ausgeprägten Sinn für Zuverlässigkeit, Pflicht und Verpflichtung Menschen und Angelegenheiten gegenüber, zu denen Sie sich hingezogen fühlen. Sie nehmen Ihre Verpflichtungen ernst, verstärkt durch Ihre eigenen Vorstellungen von Moral und Werten. Echtheit und Ernsthaftigkeit ist das, was INFPs wichtig ist. Sie wissen instinktiv, wie man Menschen erreicht und wie Sie Ihre Anliegen kommunizieren können. Mehr als Personen mit anderen Profilen können Sie Gefühle ausdrücken und durch Ihre Art der Kommunikation Menschen anrühren bzw. betroffen machen.

Wenn Sie sich zu stark an eine Gruppe anpassen müssen, kann das für Sie kräftezehrend und ermüdend sein. Aber gleichzeitig können Sie sich ein Leben in Isolation nicht vorstellen. INFPs bevorzugen eine ruhige Arbeitsumgebung – und trotz Hang, mit anderen Menschen zusammenzusein, werden Sie feststellen, dass Sie am besten alleine arbeiten. Sie finden Ihre größte Erfüllung, wenn Sie mit anderen in Kontakt sind – eng, intim, in kleinen Projektgruppen oder in einem Zweierteam. INFPs vertrauen ihrer inneren Vision und sind bereit aus einem Instinkt heraus zu handeln. Sie haben Ihren Blick in die Zukunft gerichtet. Kreativität ist kennzeichnend für Sie. Alles, was Sie tun, ist ein Teil Ihrer selbst – und so fühlen Sie sich in allem getrieben, Ihr Bestes zu geben.

Harmonie ist für Sie ein zentrales Anliegen. Sie versuchen stets Friede und Kooperation zu fördern. INFPs können meisterhaft Komplimente und ermutigendes Schulterklopfen platzieren. INFPs fällt es auch nicht schwer, von einer Aufgabe zum nächsten Thema umzuschalten. Wenn Sie an das, was Sie tun, wahrhaft glauben, blühen Sie auf. Was Sie auch immer für sich wählen, Ihr INFP-Stil wird stets geprägt sein von ernsthafter Begeisterung, die ihre Wurzeln in der tiefen Verpflichtung hat, die Sie gegenüber Ihrer Berufung spüren.

IHR BEITRAG ZUR ORGANISATION

- Sie sind kreativ und sehen den großen Zusammenhang.
- Sie arbeiten bevorzugt an wenigen Projekten, die eine tiefere Bedeutung für Sie haben.
- Sie mögen ein kooperatives Umfeld und bemühen sich um die Entwicklung von Menschen.
- Sie sind konzeptionell orientiert; Ihnen geht es stets um Ihre Werte.
- Sie haben keine Angst vor Veränderung und können gut mit Ambivalenz umgehen.
- Sie mögen das Alleinsein und konzentrieren sich sehr intensiv auf Ihre Projekte.
- Sie orientieren sich an Ideen und suchen immer nach neuen Möglichkeiten.
- Sie sind vom Projekt her gesteuert und nicht so sehr vom Termin.
- Sie wünschen sich Freiheit von Strukturen, um schnell auf Situationen reagieren zu können.

IHR BEVORZUGTER FÜHRUNGSSTIL

- Sie führen im Hintergrund, indirekt, sanft, mit Leidenschaft und beziehen Vieles und Viele mit ein.
- Sie erkennen Einzelbeiträge an und fördern Team-Aktivitäten.
- Sie haben Ihre ganz individuelle Methode, Ergebnisse zu erzielen.
- Sie mögen Herausforderungen, finden Lösungen und scheuen sich nicht, Risiken einzugehen.
- In Krisensituationen haben Sie vor allem die betroffenen Menschen im Blick.

IHR BEVORZUGTER KOMMUNIKATIONSSTIL

- Ihre Energie und positive Spannung behalten Sie für sich in Ihrem Inneren.
- Bevor Sie antworten, denken Sie nach und warten, bis es aus Ihnen herausgelockt wird.
- Sie sprechen lieber mit Einzelnen statt zu einer ganzen Gruppe.
- Im Reden benutzen Sie eher globale und bildhafte Sprache und gehen nicht so sehr ins Detail.

- Sie sprechen von Idealen, Werten und vom großen Zusammenhang.
- Sie überzeugen und lassen sich überzeugen von Darstellungen, in denen man Emotion und eine persönliche Note spürt.
- Sie kommunizieren über persönliche Erfahrungen, um etwas zu vermitteln.

WAS SIE MOTIVIERT UND WAS SIE DEMOTIVIERT

- Sie mögen Projekte, die Spaß machen, aber keine laute Umgebung.
- Sie wünschen sich Freiheit von Strukturen und Regeln und mögen flexible Zeitrahmen und Abläufe.
- Sie fühlen sich am besten im Einzelkontakt oder in kleinen Gruppen.
- Sie suchen nach Arbeit, die sinnvoll ist, und irgendwie das Leben von Menschen verbessert.
- Sie schätzen persönliche Anerkennung.
- Sie mögen keine Unstimmigkeit, sinnlose Routinen und Arbeiten mit unzähligen Details.

IHR BEITRAG IM TEAM

- Sie bringen einen ruhigen, gesunden Humor in die Gruppe; Sie orchestrieren Einheit und Harmonie.
- Sie sorgen für provokative Ideen, zukünftige Möglichkeiten und eine Vogelperspektive.
- Sie sind zurückhaltend, freundlich, hören anderen aufmerksam zu und sprechen Mut zu.
- Sie inspirieren Menschen und motivieren sie so, dass sie sich über den Status quo hinaus bewegen.
- Sie sorgen für Vision und halten den Fokus auf den Idealen und Werten.
- Sie mögen mit Menschen arbeiten, die offen sind für neue Ideen und Möglichkeiten und unterschiedliche Meinungen zulassen.
- Engstirnige Teammitglieder irritieren Sie leicht.

IHR PERSÖNLICHER LERNSTIL

- Sie bevorzugen ein flexibles Umfeld, in dem Vorstellungskraft und Kreativität gefragt sind.
- Sie lernen am besten über Vorträge und schriftliche Unterlagen, und nicht so sehr durch Auswendiglernen.

- Sie mögen Abstraktionen und die Welt der Ideen.
- Sie schätzen Trainer, die ein persönliches Interesse für Sie zeigen.

EINIGE VORSCHLÄGE FÜR IHRE PERSÖNLICHE ENTWICKLUNG

- Lernen Sie einzuschätzen, ob Ihre Visionen und Planungen praktisch und umsetzbar sind.
- Versuchen Sie sich mehr auf Handeln und Tun zu konzentrieren statt auf Reflexion und Kontemplation.
- Gehen Sie sorgsam mit Ihrer Zeit um, damit Sie nicht psychisch ausbrennen; Ihr stark empathisches Wesen kann Sie leicht dazu verleiten, Ihre eigenen persönlichen Bedürfnisse zu vernachlässigen.
- Lernen Sie, anderen konstruktives, kritisches, nicht so sehr subjektiv gefärbtes Feedback zu geben.
- Sprechen Sie über Ihre Ideen, Träume und Visionen, so dass andere Sie bei der Realisierung unterstützen können.

ESTP
(Extravertiert, **S**inneswahrnehmung, analy**T**isch entscheiden, wahrnehmungsorientiert – **P)**

Als ESTP sehen Sie die Welt, wie sie ist. Sie gehen neugierig an die Dinge heran, sehen genau hin, begegnen ihnen mit Offenheit und passen sich dem an, was das Leben Ihnen mit auf den Weg gibt. Sie sind flexibel, spontan und praktisch, wenn es um Erfahrungen geht, die Sie über Ihre fünf Sinne aufnehmen können.

ESTPs sind Menschen, die sich frei fühlen müssen, um das Leben in direktem Kontakt zu erfahren und damit zu experimentieren. Ihnen geht es gut, wenn sie Tag für Tag so leben können, wie es gerade kommt, ihren Impulsen folgend. Sie neigen dazu, das zu tun, was getan werden muss – von Augenblick zu Augenblick.

Für ESTPs wird die Arbeit oft zum Spiel. Viele von ihnen sind gute Athleten, Künstler, Handwerker und Musiker. In Aktionen blühen Sie auf und können gut mit Krisen umgehen. Wenn Sie sich als ESTP in einer unbekannten Situationen wiederfinden und Probleme lösen müssen, werden Sie gut damit fertig, wenn Sie Ihre bekannten und erprobten Fähigkeiten einsetzen können. Sie finden Geschmack am Leben und genießen die äußeren Bequemlichkeiten – gutes Essen, schöne Kleider, ein nettes Haus und Spaß. Spaß am Leben hat für Sie einen hohen Stellenwert. Deshalb finden Sie unabhängig von der Höhe Ihres Einkommens immer wieder die nötigen Mittel für Ihre Freizeitgestaltung. Kein Wunder, dass Leute Sie mögen und Ihre Anwesenheit angenehm finden. Die Herausforderung für Sie besteht darin, eine Balance zu finden zwischen Ihrer offenen Mag-kommen-was-da-will-Haltung und Ihren weniger entwickelten organisatorischen Fähigkeiten.

ESTPs neigen dazu, ihren Entscheidungen eine objektive Grundlage zu geben. Mit anderen Worten: Sie als ESTP schätzen Analyse und achten in jeder Situation sehr genau auf die äußeren Rahmenbedingungen. Sie schauen genau hin, sind ein guter Beobachter und können effektiv mit einer größeren Datenmenge umgehen. Viele ESTPs spüren eine lebenslange Faszination für Maschinen, Spielzeuge, Instrumente, Werkzeuge und andere Objekte, die man mit den Händen bewegen und bearbeiten kann. Sie können in Ihrer freundlichen Art anderen den Sinn für die Realitäten des Lebens nahe bringen. Sie haben die exzellente Fähigkeit, praktische Lösungen einzubringen – und dabei spürt man bei Ihnen stets, dass Sie wohlwollend unterstützen und kompromissbereit sind.

IHR BEITRAG ZUR ORGANISATION

- Sie verbreiten Optimismus und haben die Einstellung, dass man die Sache in den Griff bekommt; Sie räumen Hindernisse aus dem Weg.
- Sie sind ein hervorragender Problemlöser.
- Sie verhandeln gekonnt und energievoll.
- Sie wollen Effizienz und Ergebnisse.
- Sie passen sich bereitwillig an sich verändernde Situationen an.
- Sie verlassen sich eher auf Erfahrungen aus erster Hand als auf Theorien.
- Von Risiken lassen Sie sich nicht abschrecken, sondern lassen sich darauf ein.
- Von Ihnen kommen fundierte, ungeschminkte und nüchterne Situationseinschätzungen.
- Sie suchen nach wirkungsvollen Lösungen.

IHR BEVORZUGTER FÜHRUNGSSTIL

- Sie können andere motivieren und inspirieren.
- Sie lösen gern Probleme, die vor Ihnen liegen, und bewirken etwas.
- In einer Krise reißen Sie das Ruder an sich und übernehmen die Führung.
- Sie haben die Fähigkeit unterschiedliche Sichtweisen zusammenzuführen und die Dinge weiter nach vorn zu treiben.
- Auf der einen Seite sorgen Sie für Struktur in Ihrem Umfeld, gleichzeitig legen Sie Wert darauf, dass die Arbeit Spaß macht, dass man flexibel ist und dass alle Beteiligten aktiv werden.
- Bei Führung geht es aus Ihrer Sicht in erster Linie um Leistung und nicht so sehr um Position oder Sicherung des Arbeitsplatzes.

IHR BEVORZUGTER KOMMUNIKATIONSSTIL

- Wenn Sie reden, spürt man bei Ihnen Energie, positive Spannung, Charme, Witz, Vitalität und Elan.
- Sie antworten spontan aus dem Stegreif.
- Sie reden lieber mit jemandem persönlich, statt schriftliche Mitteilungen zu versenden.
- Sie können sich sehr gut auf die Sprache der anderen einlassen.

- Sie konzentrieren sich auf das, was gerade passiert, und sprechen nicht so sehr über das, was in der Zukunft sein wird.
- Sie vermitteln Information in konkreten, realistischen, bodenständigen Begriffen.
- Sie überzeugen durch gesunden Menschenverstand und logische Analyse.
- Sie sprechen von Ihrer persönlichen Erfahrung, wenn Sie Ihre Sache vortragen.

WAS SIE MOTIVIERT UND WAS SIE DEMOTIVIERT

- Sie brauchen ein Umfeld, in dem viele Möglichkeiten offen stehen und wo Handeln und schnelles Entscheiden gefragt sind.
- Sie mögen Mitarbeitende, die genau so hart arbeiten wie Sie.
- Sie arbeiten am besten mit einem gut organisierten Team, das Ihnen zuarbeitet.
- Sie mögen Herausforderungen; Sie blühen auf, wenn Sie Probleme lösen müssen.
- Sie bevorzugen ein Umfeld, wo Anerkennung ausgesprochen wird.

IHR BEITRAG IM TEAM

- Sie sorgen für schlaue Lösungen und bringen konkrete Ergebnisse.
- Sie übernehmen gern die Rolle, Ressourcen ausfindig zu machen und Hindernisse aus dem Weg zu räumen.
- Sie integrieren ohne weiteres die Vorschläge von anderen in einer nicht-wertenden, logischen Weise.
- Sie legen Ziele fest, den Weg dahin und setzen die Maßstäbe.
- Sie irritieren eventuell andere Teammitglieder, indem Sie zu schnell agieren und aus dem Moment heraus improvisieren.
- Sie lassen sich leicht von solchen Teammitglieder irritieren, die nicht mit Ihrem schnellen Tempo Schritt halten können.
- Sie ärgern sich über Leute, die nicht flexibel sind.

IHR PERSÖNLICHER LERNSTIL

- Sie laufen zur Hochform auf, wenn Lernen aktiv gestaltet wird und Beteiligung gefragt ist.

- Sie mögen Erfahrungslernen und direktes Beobachten.
- Sie finden es furchtbar langweilig, wenn es um Theorien, langfristige Planungen, um allgemeine Konzepte geht und Sie sich mit Lernstoff beschäftigen müssen, der keinerlei Praxisrelevanz hat.
- Sie mögen es, wenn der Seminarleiter bzw. die Seminarleiterin unterhaltsam und witzig ist und den Stoff mit praktischen Aktivitäten anreichert; Sie haben keine Hemmungen sich zu beschweren, wenn es zu abstrakt wird.

EINIGE VORSCHLÄGE FÜR IHRE PERSÖNLICHE ENTWICKLUNG

- Setzen Sie sich Prioritäten und Ziele, um nach außen den Anschein zu vermeiden, Sie seien unverantwortlich und würden andere unter Druck setzen.
- Versuchen Sie auch die langfristigen Wirkungen Ihres Handelns zu beachten und nicht nur schnelle Lösungen anzustreben.
- Am besten vermeiden Sie Situationen, wo Sie den Eindruck haben, dass Ihre Freiheit eingeschränkt wird und Sie kontrolliert werden.
- Denken Sie an die Gefühle der anderen und versuchen Sie, diese nicht zu übersehen.
- Lernen Sie den Wert von Theorien und abstrakten Konzepten schätzen.
- Gehen Sie toleranter mit Menschen um, die mehr Zeit und innere Reflexion brauchen, bevor sie handeln.

ESFP
(Extravertiert, Sinneswahrnehmung, wertorientiert entscheiden – F, wahrnehmungsorientiert – P)

ESFPs sind Optimisten, Frohnaturen und unterhalten andere gern. Sie betrachten die Welt, wie sie ist, mit Neugier, begegnen ihr mit offenen Armen, beobachten gut und passen sich dem Leben an, wie es gerade kommt. Sie sind flexibel, spontan und praktisch veranlagt. Ihre Natürlichkeit und ihren Realitätssinn können sie gut vermitteln. Als ESFP können Sie sich mit Ihrem offenen, anpassungsfähigen Wesen durchaus einen Ruf als Diplomat/in oder Vermittler/in verdienen. Sie haben die seltene Fähigkeit, Lösungen vorzuschlagen und gleichzeitig auf Zustimmung und Kompromissbereitschaft hinzuwirken.

ESFPs sind wache Beobachter und besitzen eine bemerkenswerte Fähigkeit, eine enorme Datenfülle effektiv zu verarbeiten – besonders wenn das Thema etwas mit menschlichen und persönlichen Dingen zu tun hat – denn Ihr Interesse als ESFP konzentriert sich mehr auf Menschen als auf Sachen. Sie neigen dazu, der Welt mit Optimismus, Freundlichkeit, persönlicher Wärme, Liebe und Sympathie zu begegnen. Sie möchten dabei die schlechten Nachrichten ausblenden und weigern sich, vom Trübsinn anderer Menschen angesteckt zu werden. Ihr Fokus ist auf Menschen gerichtet. Sie sind anderen gegenüber taktvoll und aufmerksam und achten auf deren Bedürfnisse und Erwartungen. Sie sind eher ein spontaner Mensch – zufrieden mit dem Leben, wie es ist. Sie folgen nicht so gern den engen und verschlungenen Pfaden, die gepflastert sind mit regulierten Abläufen, Verpflichtungen, Regeln und Fremderwartungen. Es ist typisch für Sie, dass Arbeit und Spiel für Sie dasselbe ist.

Als ESFP können Sie schnell umschalten – von einer Aufgabe zur anderen, von einer Technik zur nächsten. Sie blühen auf, wenn Aktion angesagt ist, und können gut mit Krisen umgehen. Sie mögen die Herausforderung, mit unbekannten Situationen fertig zu werden, wenn Sie dabei schrittweise vorgehen können. Voraussetzung ist, dass Sie ein Ergebnis mittels Ihrer erprobten und bewährten Fertigkeiten für Problemlösungsstrategien erreichen können. Die Herausforderung für Sie besteht darin, eine Balance zu finden zwischen Ihrer fröhlich optimistischen Art und Ihrer Fähigkeit greifbare Ergebnisse zu produzieren. Ihr Stil ist geprägt von Eleganz, Schlauheit und Flair. Sie sind eine Person, die am Prozess orientiert ist und einen Sinn für Risiko und Abenteuer mitbringt.

IHR BEITRAG ZUR ORGANISATION

- Sie zeigen Optimismus und ein freundliches, nach außen gewandtes Wesen.
- Sie sind spontan und können sich flexibel an Situationen anpassen.
- Sie suchen die Herausforderung, Spannung und Gelegenheiten zum Heldentum.
- Sie haben ein enormes Talent, Leute dahin zu bringen, dass sie zusammen arbeiten.
- Sie besitzen Verhandlungsgeschick und sind Trouble-shooter.
- Sie entwickeln geniale Strategien, wenn es darum geht, Hindernisse in der Welt der konkreten Dinge zu überwinden.
- Sie mögen Arbeiten, die etwas zum Anpacken bieten, und ein lebendiges, harmonisches Umfeld.
- Ihr Interesse gilt den praktischen, greifbaren Ergebnissen, die einen Nutzen für die Menschen bringen.
- Sie geben den Impuls für eine Veränderung, wenn damit ein Problem oder ein Dilemma gelöst werden kann.

IHR BEVORZUGTER FÜHRUNGSSTIL

- Sie führen, indem Sie an den guten Willen und an den Teamgeist appellieren.
- Sie interessieren sich eher für das Kurzfristige als für das Langfristige und haben das Naheliegende im Blick.
- Sie haben keine Angst vor Veränderung oder vor kreativen Lösungen und sind durchaus bereit große Risiken einzugehen.
- Sie überlassen die Umsetzung von Planungen gewöhnlich den anderen.
- Mühelos bringen Sie zerstrittene Gruppen zusammen, indem Sie Feedback und Beteiligung von anderen einfordern.
- Sie schenken Ihre Aufmerksamkeit zuerst den Beziehungen, erst dann kommen die anstehenden Aufgaben.

IHR BEVORZUGTER KOMMUNIKATIONSSTIL

- Wenn Sie reden, spürt man bei Ihnen Energie und positive Spannung.
- Sie antworten schnell und aus dem Stegreif.
- Sie reden lieber mit jemandem in Person, als schriftliche Mitteilungen zu versenden.

- Ihre Sprache ist konkret und spezifisch.
- Witz ohne Ende und Spaß in Fülle findet man, wenn man mit Ihnen spricht.
- Sie überzeugen andere, indem Sie Ihre Sache mit einer emotionalen und persönlichen Note vortragen.
- Sie berichten von persönlichen Erfahrungen, wenn Sie etwas deutlich machen wollen.
- Ihr Blick ist auf das Hier und Jetzt gerichtet.

WAS SIE MOTIVIERT UND WAS SIE DEMOTIVIERT

- Sie bevorzugen Arbeiten, die konkret, fassbar, praktisch sind und den Menschen nützen.
- Sie möchten viele Gelegenheiten haben, um mit Menschen Kontakt zu pflegen.
- Sie mögen konkretes Handeln und lassen sich gern auf Krisensituationen ein, besonders wenn es sich um zwischenmenschliche Konflikte handelt.
- Sie mögen eine Arbeitsumgebung, wo Sie freie Entscheidungsmöglichkeiten, Abwechslung und Flexibilität vorfinden.
- Sie bevorzugen ein harmonisches und angenehmes Umfeld.

IHR BEITRAG IM TEAM

–Mit Begeisterung laden Sie alle ein, sich zu beteiligen und mit anzupacken.
- Sie formulieren klar die Aufgaben und Ziele.
- Sie konzentrieren sich auf die Themen, Probleme und Projekte, die heute anliegen.
- Sie bauen die Moral der Gruppe auf und sorgen für den *esprit de corps*.
- Sie können Ihre Mitarbeitenden irritieren, wenn Sie Ihren Humor überstrapazieren und zu sehr „herumkaspern".
- Sie lassen sich von solchen Leuten irritieren, die überall Fehler finden und zynisch, trübsinnig oder immer gegen etwas sind.
- Es ärgert Sie, wenn Zeit vergeudet wird oder wenn Diskussionen und Besprechungen langatmig und langweilig sind.

IHR PERSÖNLICHER LERNSTIL

- Wenn Lernen Spaß macht und sich an der Realität orientiert, haben Sie das Gefühl, dass es etwas bringt.

- Sie haben ein Bedürfnis nach Interaktion, Gruppenprojekten und praktischen Erfahrungen.
- Sie halten Ihr Interesse wach, wenn Sie verstehen, ob und wie nützlich, praktisch und hilfreich der Lernstoff für das Hier und Jetzt ist.
- Sie bevorzugen Seminarleiter, die Zuwendung zeigen, die man persönlich etwas besser kennenlernen kann und die ein persönliches Interesse für Sie zeigen.

EINIGE VORSCHLÄGE FÜR IHRE PERSÖNLICHE ENTWICKLUNG

- Achten Sie auf eine gute Balance zwischen notwendigen dringlichen Arbeiten und geselligem Zusammensein.
- Bemühen Sie sich, Prioritäten zu setzen und Aufgaben rechtzeitig abzuschließen.
- Denken Sie daran, dass alle möglichen Arten von Informationen wertvoll und anwendbar sind.
- Wenn Sie zu sehr auf Ihren Optimismus setzen und sich zu sehr auf die persönlichen Aspekte einer Sache konzentrieren, dann kann es leicht dazu führen, dass Sie die logischen Fakten nicht im Blick behalten.
- Üben Sie Nein-Sagen – hüten Sie sich vor einer Überbelastung, die bei Ihnen leicht entstehen kann.

ISTJ
(Introvertiert, Sinneswahrnehmung, analyTisch entscheiden, strukturorientiert – J)

ISTJs gehören zu der nüchternen Art von Menschen, die äußerst zuverlässig sind. Sie sind von allen Persönlichkeitstypen die mit dem größten Sinn fürs Praktische. Sie sammeln mit großer Fertigkeit Daten, Geld und Material. Genauigkeit ist das oberste Gebot. Sie verarbeiten gewaltige Volumen an Informationen und erinnern sich an Details – und das alles sehr gründlich. Menschen können sich auf Sie als ISTJ verlassen. Sie beginnen keine Unternehmung oder Beziehung aus einem Impuls heraus oder leichtfertig. Auf der anderen Seite geben Sie etwas auch nicht auf, es sei denn, Sie haben sehr klare und gut dokumentierte Begründungen dafür.

Wahrscheinlich drängt es Sie in den Bereich von Wirtschaft, Handel oder Technik, wo Sie exzellent wirken können mit Ihrer besonderen Fähigkeit, auf konkrete Bedürfnisse einzugehen. Sie können leicht den Gang wechseln und die Richtung ändern, wenn Sie die notwendigen Daten haben, die solch eine Entscheidung nahe legen. Zu viel unsinnige Veränderung kann Ihnen Bauchschmerzen bereiten. Sie lassen sich nur auf so viel Veränderung ein wie unbedingt nötig. Sie bevorzugen das Vorhersagbare. Sie möchten wissen, wo die Dinge sind und wann ein Ereignis eintreffen wird. Sie schätzen ein ordentliches Zuhause und betonen traditionelle Werte. Sie sorgen gut für Ihren Besitz (Büroausstattung, Möbel in Ihrem Haushalt, usw.) und ärgern sich vielleicht über Verschwendung oder Überfluss. Sie erwarten viel von sich selbst und setzen anspruchsvolle Maßstäbe für Ihr eigenes Verhalten.

ISTJs haben eine Sicht vom Leben, die sich stark an einer Arbeitsethik orientiert nach dem Motto „erst die Arbeit, dann das Vergnügen" – die Muse zum Vergnügen muss erst durch harte Arbeit verdient werden. ISTJs sind Gründer und Bewahrer von Organisationen. Sie selbst als ISTJ haben wahrscheinlich die Erfahrung gemacht, dass – sobald Sie in eine Organisation eingestiegen sind – Sie schnell Positionen mit Verantwortung übernommen haben.

Sie brauchen Zeit für sich, um möglichst bequem arbeiten zu können. Auch wenn Sie an einem Projekt lange Zeit ohne Pause arbeiten müssen, macht Ihnen das nichts aus. Sie sind stolz auf den Beitrag, den Sie im Projekt leisten, und Sie entwickeln großes Interesse für alle Facetten Ihrer Arbeit. Alles in allem sorgt Ihr wertvoller, systematischer Ansatz bei Problemlösungen und Ihre Ausdauer, wenn Sie Lösungen suchen, für Stabilität in jeder Sache, für die Sie sich engagieren.

IHR BEITRAG ZUR ORGANISATION

- Sie arbeiten konstant und effizient, um vereinbarte Ziele zu erreichen.
- Sie sind stark am Detail orientiert und wollen Resultate sehen.
- Sie sind fleißig, gründlich, strukturiert und möchten am liebsten bei der Arbeit nicht gestört werden.
- Sie sorgen innerhalb der Organisation für einen starken Realitätssinn, für Objektivität und für messbare Ergebnisse.
- Sie haben eine sehr nüchterne Einstellung, wenn es darum geht, Ziele zu erreichen.
- Sie handeln schnell und punktgenau, wenn eine Entscheidung getroffen oder eine Aktion gestartet werden muss.
- Sie respektieren Verpflichtungen und arbeiten am liebsten mit klaren Terminen und Strukturen.

IHR BEVORZUGTER FÜHRUNGSSTIL

- Sie delegieren die Verantwortung, sobald alle verfügbaren Zahlen und Daten unter Kontrolle sind.
- Ihre Aufmerksamkeit gilt den unmittelbaren Bedürfnissen der Organisation.
- Sie sind eine zuverlässige Führungspersönlichkeit, die Aufgaben, Mitarbeitende und Vorgehensweisen gut koordinieren kann.
- Sie planen gründlich im Voraus, um Krisen zu vermeiden.
- Sie setzen Standards und erwarten von den anderen, dass diese sich daran halten; Sie belohnen diejenigen, die Regeln einhalten.

IHR BEVORZUGTER KOMMUNIKATIONSSTIL

- Sie reden in einer ruhigen und gesetzten Art – nur selten geben Sie etwas Persönliches preis.
- Sie denken nach, bevor Sie antworten, und warten, bis jemand nach weiteren Informationen fragt.
- Sie sprechen lieber mit Einzelnen als zu großen Gruppen.
- Sie äußern sich lieber schriftlich, als dass Sie mit Leuten persönlich reden.
- Sie fassen sich kurz und bündig, legen Wert auf Objektivität und gedankliche Klarheit.

- Sie präsentieren Fakten in einer direkten, pragmatischen Weise und ergänzen diese eventuell mit praktischen Beispielen.
- Sie überzeugen und lassen sich von anderen überzeugen durch kühle, logische Analyse.
- Sie kommunizieren nur dann persönliche Erfahrung, wenn Sie das illustrieren wollen, was Sie mit anderen Daten schon belegt haben.

WAS SIE MOTIVIERT UND WAS SIE DEMOTIVIERT

- Sie mögen Struktur, Ordnung, Beständigkeit, ein Schritt-für-Schritt-Vorgehen und möglichst keine Störungen.
- Sie laufen zur Hochform auf in Situationen, die Durchhaltevermögen und Hartnäckigkeit erfordern.
- Sie schätzen es, wenn Sie für Ihre konkreten Leistungen belohnt werden.
- Sie sind fleißig, wenn es sich um greifbare Projekte, konkrete Produkte und kurzfristige Ergebnisse handelt.
- Sie mögen logistische Aufgaben und möchten die Organisation nach vorn bringen.
- Halten Sie sich fern von Umgebungen, in denen es chaotisch zugeht und wo es keine Fokussierung gibt.

IHR BEITRAG IM TEAM

- Sie arbeiten am besten mit festgelegten Regeln und Abläufen.
- Sie konzentrieren sich darauf, Abgabetermine einzuhalten, sich an Zeitpläne zu halten und Prioritäten zu setzen.
- Besprechungen laufen bei Ihnen ab wie eine Uhr – effizient, fokussiert und sachlich.
- Sie benutzen Ihren zuverlässigen gesunden Menschenverstand, um Projekte in den Griff zu bekommen und Aufgaben zuzuweisen.
- Sie denken stets an die konkreten Aufgaben, die vor Ihnen liegen.
- Manchmal sprechen Sie Ihre Sicht der Dinge erst aus, wenn es zu spät ist.
- Sie lassen sich irritieren, wenn zuviel geredet wird, durch irrelevantes Geschwätz, durch unnötige Störungen oder wenn andere ihre Sache nicht zu Ende führen.

IHR PERSONLICHER LERNSTIL

- Sie lernen am besten, wenn Sie auswendig lernen und Lernübungen (Tests, etc.) machen können und wenn Sie Zeit zum Nachdenken haben.
- Sie lernen, wenn Sie praktische und nützliche Beispiele für das Thema finden, dass Sie gerade studieren.
- Bei Unterlagen und Anweisungen legen sie vor allem Wert auf eine gute Gliederung und Genauigkeit.

EINIGE VORSCHLÄGE FÜR IHRE PERSÖNLICHE ENTWICKLUNG

- Üben Sie sich in mehr Offenheit gegenüber Innovationen, Veränderungen und neuen Methoden.
- Wenn Sie Entscheidungen treffen, denken Sie dabei an die einzukalkulierende Wirkung – besonders im Blick auf Menschen, die persönliche und soziale Wertvorstellungen haben.
- Passen Sie auf, dass Sie sich nicht in die Details verlieren; denn Sie könnten den größeren Zusammenhang oder auch Kontakte und Beziehungen, die im Hintergrund eine Rolle spielen, aus dem Blick verlieren.
- Versuchen Sie etwas flexibler zu sein, wenn Sie Regeln anwenden.
- Üben Sie ab und zu das Nein-Sagen, wenn es um zusätzliche Verantwortlichkeiten geht – damit Sie nicht innerlich ausbrennen.

ISFJ
(Introvertiert, Sinneswahrnehmung, wertorientiert entscheiden – F, strukturorientiert – J)

Fleißig, gründlich und verantwortlich – ISFJs sind wie ein Fels in der Brandung. Menschen können sich auf sie verlassen, wenn sie aus bestimmten Gründen Hilfe brauchen. Sie sorgen für Stabilität und Vertrauen. Sie werden niemals aus dem Impuls heraus oder leichtsinnig in eine Unternehmung oder eine Beziehung einsteigen, und sie werden dieselben auch nicht einfach so aufgeben, es sei denn, es gibt eindeutige Gründe dafür. Sie leben im Hier und Jetzt. Sie machen ständig einen Abgleich mit Ihren Erfahrungen aus der Vergangenheit. Sie vergleichen neue Daten und Informationen mit dem, was Sie aus der Vergangenheit gespeichert haben.

Als ISFJ haben Sie die Sicht eines Traditionalisten – jemand, der an Strukturen glaubt, an Verantwortung und an Grundregeln des Lebens. Sie sind zufrieden, wenn Ihr Leben einen klaren Rahmen hat. Sie möchten wissen, wo sich etwas befindet und wann dies und jenes passieren wird. Sie schätzen ein verlässliches Umfeld, sind geduldig und fühlen sich ganz wohl, wenn es um Routinen geht. Sie haben eine realistische Sicht von dem, was Sie können und wo Ihre Grenzen sind.

Sie erwarten viel von sich selbst und beurteilen Ihr Verhalten nach strengen Maßstäben. Sie setzen sich anspruchsvolle Ziele - und nur selten bestehen Sie Ihren eigenen Leistungstest, wenn Sie sich selbst auf den Prüfstand gestellt haben. Sie möchten von anderen gebraucht werden. Sie übernehmen sehr schnell Verantwortung, wenn Sie in einen neuen Kreis oder eine neue Gruppe kommen. Jede Organisation – wenn es um Ämter, Gremien und um die Frage, wer die Arbeit tut, geht – ruht auf dem Fundament von ISFJs und deren absolut zuverlässigen Persönlichkeit. Sie gründen, pflegen und erhalten eine Organisation.

Als ISFJ brauchen Sie Zeit für sich und eine möglichst störungsfreie Zone, wenn Sie an Ihrem Arbeitsplatz zufrieden sein wollen. Was immer auch die Aufgabe ist, Sie nehmen sich Zeit zum Nachdenken, bevor Sie Hand anlegen. Sie sind in Ihrem Element, wenn Sie eine Arbeit finden, die Ihnen genügend Zeit zum Nachdenken gibt. Sie sind genau und es kommt selten vor, dass Sie sich vertun, wenn es um Daten und Fakten geht. Andere, die den Details weniger Aufmerksamkeit schenken, sind in Ihren Augen unzuverlässig. Sie sind zufrieden, wenn Sie in einer Position sind, für die klare Erwartungen formuliert sind, geregelte Arbeitszeiten vorgegeben sind und wo man vorhersagen kann, was passiert. Mit Ihrem Respekt vor Abläufen und Vorschriften können Sie auf fast jeder Hierarchieebene einer Institution gut zurechtkommen.

IHR BEITRAG ZUR ORGANISATION

- Sie sind praktisch veranlagt, zuverlässig und gewissenhaft und bleiben mit Ausdauer an den Dingen dran.
- Sie mögen Projekte, die für Menschen einen Gewinn im Hier und Jetzt bringen.
- Sie schätzen einen gewissen abgegrenzten Bereich, wo Sie in Ruhe arbeiten können und wo Sie nicht ständig gestört werden.
- Sie konzentrieren sich auf die Einzelheiten.
- Sie unterstützen, helfen und geben den Mitgliedern der Organisation Einfluss.
- Ihr Energiefluss ist ausgeglichen und stetig.
- Sie sind eine Person, die Hand anlegt und Dinge erledigt.
- Sie respektieren bestehende Systeme, Abläufe und Zuständigkeiten und passen sich an diese an.
- Sie sorgen für eine Atmosphäre der Zugehörigkeit, für Beständigkeit und vermeiden Risiken.

IHR BEVORZUGTER FÜHRUNGSSTIL

- Sie zeigen einen offenen, Mut machenden, unterstützenden Führungsstil.
- Sie haben die Menschen im Blick, die das Geschäft betreiben und in Gang halten, bleiben jedoch stets aufgabenbezogen.
- Sie sind pingelig und genau, was Details betrifft, und haben einen Blick für das, was andere vielleicht nicht gesehen haben.
- Sie planen, um Krisen zu vermeiden.
- Sie halten Ausschau nach den organisatorischen Bedürfnissen, die Ihre Mitarbeiterinnen und Mitarbeiter haben.
- Sie halten sich an die herkömmlichen Hierarchien und Zuständigkeiten.

IHR BEVORZUGTER KOMMUNIKATIONSSTIL

- Sie sorgen dafür, dass die Diskussion in einem praktischen und pragmatischen Rahmen mit Blick auf persönliche oder soziale Wertvorstellungen geführt wird.
- Sie möchten Zeit zum Nachdenken haben, so dass Sie diplomatisch antworten können.

- Sie reden lieber mit Einzelnen als vor großen Gruppen.
- Sie bevorzugen eher schriftliche als direkte Kommunikation.
- Ihre Sprache ist konkret und spezifisch, Sie sprechen die Fakten an.
- Sie diskutieren praktische und unmittelbare Anliegen.
- Sie überzeugen und lassen sich überzeugen, wenn das Thema emotional und mit einer persönlichen Note vorgetragen wird.
- Sie bringen Ihre persönliche Erfahrung ein, wenn Sie etwas erläutern wollen.

WAS SIE MOTIVIERT UND WAS SIE DEMOTIVIERT

- Sie bevorzugen ein stabiles und berechenbares Umfeld, wo es keine bzw. sehr wenige Veränderungen gibt.
- Sie bevorzugen Ablaufpläne und Terminvorgaben – das ist die Grundlage für Sie, konkrete Ergebnisse zu erzielen.
- Sie arbeiten lieber allein, möchten aber zwischendurch Kontakt mit Menschen haben.
- Sie arbeiten gern mit klaren, realistischen Zielvorgaben und tun dann einen Schritt nach dem anderen.
- Sie schätzen es, wenn Sie Annerkennung für Ihre harte Arbeit bekommen.
- Vermeiden Sie Projekte, wo Ihre logistische Fähigkeit und Ihre Fähigkeiten im Umgang mit quantitativen, messbaren Größen nicht verlangt werden.

IHR BEITRAG IM TEAM

- Sie sorgen für eine klare Richtung, bringen Ihre organisatorischen Fähigkeiten ein, Ihren Sinn für's Praktische, und machen konkrete, an den Fakten ausgerichtete Eingaben.
- Sie versuchen die Ansichten, Ideen und Vorschläge von anderen zu unterstützen.
- Sie sorgen dafür, dass das Team auf Erfolgskurs bleibt, indem Sie auf die Details achten und auf Genauigkeit Wert legen.
- Sie können Teammitglieder verärgern, wenn Sie ständig den Blick auf sofortige sichtbare Ergebnisse lenken.
- Sie sind frustriert, wenn zu viel Betonung auf Möglichkeiten gelegt wird und dabei die Fakten und Daten ignoriert werden.

- Sie können andere frustrieren, indem Sie deren Ideen nicht unterstützen.
- Sie ärgern sich über diejenigen, die sich nicht an den Ablaufplan halten und sich auf Nebenkriegsschauplätzen tummeln.

IHR PERSÖNLICHER LERNSTIL

- Sie lernen lieber im Rahmen eines Teams oder einer Gruppe.
- Sie lernen am besten, wenn Auswendiglernen und Übungen angesagt sind und wenn die Ergebnisse gemessen werden können.
- Sie lernen, wenn Sie sich mit Problemen beschäftigen müssen, die klar umrissen und konkret sind, gleichzeitig vermeiden Sie theoretische Konzepte.
- Sie arbeiten, um den Lehrern zu gefallen und liefern genau das, was verlangt wird.

EINIGE VORSCHLÄGE FÜR IHRE PERSÖNLICHE ENTWICKLUNG

- Treten Sie bestimmter auf und zeigen Sie größere Gelassenheit, wenn es darum geht, die Führung zu übernehmen.
- Äußern Sie öfters Ihre Vorstellungen und teilen Sie anderen mit, was Sie erreicht haben.
- Lernen Sie mehr Gelassenheit im direkten Umgang mit Konflikten.
- Gehen Sie offener und toleranter mit Veränderung um, wenn man z. B. etwas auf eine neue, andere Weise tun will.
- Versuchen Sie, eine Balance zu finden zwischen kurzfristiger praktischer Vision und zukünftigen Möglichkeiten.

ENTP
(Extravertiert, iNtuitiv wahrnehmen, analyTisch entscheiden, wahrnehmungsorientiert – P)

ENTPs sind dynamische Menschen, deren Blick – und das ist typisch für sie – auf die Zukunft gerichtet ist. Sie betrachten das Leben als fantastisches Spiel.

Sie als ENTP sehen stets das, was möglich ist. Solange Sie sich mit dem laufenden Projekt beschäftigen, können Sie an nichts anderes denken. Sie verfolgen Ihre Ziele hartnäckig – solange Ihr Interesse anhält. Sie können ein weites Spektrum von Problemen erfassen. Ihre weit gefächerten Interessen gehören zu Ihren Stärken.

Für Sie ist Logik wichtiger als Gefühl. Manchmal fällt es Ihnen schwer zu verstehen, warum für andere Emotionen so wichtig sind. Sie können zwischenmenschliche Kontakte pflegen, wenn Ihnen das aus strategischen Gründen wichtig ist. Ihnen liegt rasches Entscheiden und schnelles Handeln. Sie müssen jedoch aufpassen, dass Sie nicht zu schnell ins Handeln kommen und sich zu wenig Zeit nehmen, darüber nachzudenken, was Sie tun.

ENTPs suchen mit ihrer Intuition den Horizont ab – sie suchen stets nach Möglichkeiten in einer Situation. Aus diesem Grund sind Sie vom Profil her ein Entdecker und Visionär. Sie lernen gern. Allein die Vorstellung von Intelligenz fasziniert Sie. Scheinbar werden Sie von innen ständig getrieben, etwas zu leisten. Gleichzeitig sind Sie sich selbst gegenüber äußerst selbstkritisch, was Sie dazu bringt, ständig an sich selbst zu arbeiten.

ENTPs sind extrem selbstbewusst. Ihr Verstand ist Ihr bester Partner, alles Mögliche zu erreichen, was Sie sich wünschen. Wahrscheinlich finden Sie bei Allem, was Sie tun, etwas von Ihrem speziellen Entdecker- und Promotor-Geist wieder. Setzen Sie Ihren Fokus auf Arbeiten, bei denen es um die großen Zusammenhänge und um wegweisende Konzepte geht, und nicht so sehr um Details und präzise Fakten. Sie neigen dazu, Ihren Interessen zu folgen, ohne viel an die Regeln und die vorgeschriebenen Abläufe zu denken. Sie haben das Endziel im Blick. Wenn Sie Ihre richtige Beziehung, Ihren richtigen Job oder Arbeitgeber gefunden haben, werden Sie Anerkennung finden, weil Sie im richtigen Umfeld mit visionärer Kraft für Innovation und kreative Lösungen sorgen.

IHR BEITRAG ZUR ORGANISATION

- Sie schätzen Leistung; Ihr inspirierendes Auftreten sorgt dafür, dass Sie sich und andere über die festgelegten Ziele hinaus zum Erfolg bringen.
- Sie sind sehr flexibel, vielseitig und mögen offene, komplexe Fragestellungen.
- Sie übernehmen schnell die Initiative und setzen Veränderungen in Gang.
- Sie fordern und belohnen Risikofreudigkeit.
- Sie blühen auf als Trouble-shooter – besonders wenn Sie größere Probleme anpacken müssen.
- Sie bringen kreative Ideen ein und sind sehr innovativ.
- Sie denken konzeptionell und können gut analysieren.
- Sie erkennen Trends in Märkten, Zukunftsmodellen und Produkten.
- Sie finden start-up-Projekte spannend und Routineabläufe langweilig.

IHR BEVORZUGTER FÜHRUNGSSTIL

- Sie können andere mit Ihrer Begeisterung und Vorstellungskraft überreden und inspirieren.
- Was Ihnen Energie gibt, sind Krisen, Theorien bilden und Modelle erstellen.
- Auf traditionelle Wege und standardisierte Methoden achten Sie nicht so sehr.
- Sie schätzen Ideen, Energie, Willenskraft und Erfindergeist; sie fördern und belohnen Kompetenz bei Ihren Mitarbeitern und Kollegen.
- Sie bevorzugen Präzision; Ineffizienz und fehlerhafte Informationen irritieren Sie.
- Vor Tüchtigkeit haben Sie Respekt, nicht vor Titel oder Rang.

IHR BEVORZUGTER KOMMUNIKATIONSSTIL

- Sie reden mit Leidenschaft und Hingabe; Ihre Rede ist gewürzt mit Witz und Wortspielereien.
- Sie reagieren schnell aus dem Stegreif.
- Sie bevorzugen die direkte Kommunikation, und nicht so sehr die schriftliche.
- Ihre schriftlichen oder mündlichen Mitteilungen sind kurz, auf den Punkt gebracht und sachlich.

- Sie diskutieren das Für und Wider von Möglichkeiten.
- Sie diskutieren Probleme mit ungewöhnlichen Ansätzen und Einsichten.
- Sie überzeugen andere mit einer besonnenen, logischen Analyse und überzeugenden Beispielen.

WAS SIE MOTIVIERT UND WAS SIE DEMOTIVIERT

- Sie bevorzugen die Startphase eines Projektes und nicht so sehr die Routinen.
- Sie blühen auf in einem Umfeld, wo Veränderung, Flexibilität und Risikobereitschaft angesagt ist.
- Pläne und Projekte, theoretische und konzeptionelle Modelle entwerfen und über Grenzen gehen – das motiviert Sie.
- Sie mögen Gelegenheiten, wo Sie Ihre konzeptionellen Fähigkeiten und Ihre Kreativität einsetzen können.
- Sie mögen Arbeiten, die nichts mit Routine oder Bürokratie zu tun haben.
- Hüten Sie sich davor, zu stark Kontrolle ausüben zu wollen und zu viel zu managen.

IHR BEITRAG IM TEAM

- Sie bringen Begeisterung und Energie mit.
- Sie fordern das Team heraus, sich nicht zu lange beim Status quo aufzuhalten.
- Sie bringen unterschiedliche Gesichtspunkte, klare Ideen, überraschend neue Einsichten und interessante Informationen in die Runde.
- Von Ihnen kommen Analysen, Lösungen und Hinweise auf Möglichkeiten.
- Sie können andere dadurch irritieren, dass Sie alles auf ein abstraktes theoretisches Modell hin zurückführen.
- Sie spüren Frustration, wenn andere sich nicht den neuen Aussichten stellen oder wenn jemand keine lösungsorientierte Einstellung zeigt.
- Sie lassen sich manchmal von Mitarbeitern irritieren, die nicht abstrakt denken können oder die Entscheidungen emotional treffen.

IHR PERÖNLICHER LERNSTIL

- Sie entwickeln Leidenschaft zu lernen, wenn es darum geht, erster zu sein, und wenn das Umfeld stimulierend ist.

- Sie lernen, wenn Sie sich an der Diskussion beteiligen und kritische Standpunkte vertreten können.
- Sie verlangen von Ihren Lehrern/innen, den Moderatoren/innen und den anderen Seminarteilnehmern/innen, dass diese ihr Bestes geben.
- Wenn das Problem gelöst ist oder die Hürde genommen ist, verlieren Sie schnell das Interesse.

EINIGE VORSCHLÄGE FÜR IHRE PERSÖNLICHE ENTWICKLUNG

- Denken Sie daran, welch wichtige Rolle Gefühle spielen – nicht alles lässt sich mit Vernunft allein lösen.
- Schenken Sie den Details mehr Interesse und führen Sie Projekte zu Ende.
- Behalten Sie beides im Blick – die realen Gegebenheiten der Gegenwart und die Aussichten für die Zukunft.
- Hüten Sie sich davor, zu stark Kontrolle ausüben zu wollen und zu viel zu managen.
- Lernen Sie Regeln und Vorschriften zu benutzen, um Ihre Ziele voranzubringen.
- Zeigen Sie anderen mehr Anerkennung und Wertschätzung.

ENFP
(Extravertiert, iNtuitiv wahrnehmen, wertorientiert entscheiden – F, wahrnehmungsorientiert – P)

Personen mit einem ENFP-Profil sind Menschen, die ständig nach neuen Möglichkeiten Ausschau halten.

Wenn Sie ganz und gar in Ihrem laufenden Projekt eingetaucht sind, verschwenden Sie keinen Gedanken an etwas Anderes. Manchmal ist Ihr Energiepegel so hoch, dass es Außenstehenden den Atem nimmt. Sie sind im wahrsten Sinne des Wortes unermüdlich damit beschäftigt, Ihr letztes Ziel zu verfolgen – solange Ihr Interesse anhält. Ihr Engagement ist ansteckend und Ihr Selbstvertrauen so stark, dass Ihnen die Menschen gerne folgen.

Von allen Persönlichkeitstypen ist bei den ENFPs die inspirierende Ausstrahlung am ausgeprägtesten. Sie haben in fast jeder Situation Spaß am Geschehen. Ihre Kombination von Extraversion, Intuition und offener wahrnehmender Einstellung sind gute Voraussetzung, um Leitungsaufgaben zu übernehmen. Als ENFP zeigen Sie Verständnis für andere. Sie entdecken schnell, was die Menschen in ihrer Umgebung motiviert. Sie können Wertschätzung für deren besondere Qualitäten äußern ohne jeden Beigeschmack von Kritik oder Voreingenommenheit.

ENFPs sind Künstler im Problemlösen. Mit einer erstaunlichen Leichtigkeit werden sie mit einer breiten Palette von Schwierigkeiten fertig.

Sie sind vielseitig interessiert. Sie können eine Vielfalt von interessanten Beziehungen haben. Vielseitigkeit ist der universelle Schlüssel zum Glück in Ihrem Leben als ENFP.

ENFPs setzen viel Energie ein, sich selbst zu verstehen, sich persönlich zu entwickeln, ihre eigensten Ziele zu finden und sinnvolle Beziehungen mit anderen aufzubauen. Sie schauen nach Authentizität bei sich selbst und bei anderen. Über andere finden sie gut den Kontakt zu sich selbst.

Oft haben ENFPs das Gefühl vor einer großen Entdeckung zu stehen, was Menschen betrifft oder das Leben an und für sich. Mittels ihrer Intuition holen sie sich die Information aus der realen Welt und durchweben sie mit eigenen Vorstellungen, so dass daraus eine ganz eigene Sicht der Dinge entsteht.

Rangabzeichen und Titel sind Schall und Rauch, Spielzeug im besten Fall. Als ENFP sind Sie wahrscheinlich ein optimistischer, unabhängiger Mensch, der an sich selbst glaubt – selbst dann, wenn kein anderer es mehr tut. Auf lange Sicht gesehen sind Sie gut beraten, wenn Sie sich für eine Laufbahn und Beziehungen entscheiden, die Ihnen hohe Flexibilität erlauben und den Kontakt mit anderen kreativen und gleichgesinnten Menschen, die ebenso wie Sie Struktur um der Struktur willen ablehnen, dafür aber Ideen an sich wertschätzen.

IHR BEITRAG ZUR ORGANISATION

- Sie können spontan aus den Rahmenbedingungen heraus denken und neue Ideen einbringen.
- Sie haben einen Blick für das, was in Zukunft alles aus einer Sache entstehen könnte.
- Veränderungen sind für Sie willkommene Anlässe – und oftmals lösen Sie selbst Veränderungen aus.
- Sie sind sehr flexibel und können in ganz verschiedenen Aufgaben erfolgreich sein.
- Wenn es Probleme mit Menschen gibt, sind Sie der/die geborene Vermittler/in.
- Sie bringen gewöhnlich eine positive Einstellung mit, Sie zeigen Leidenschaft für die Sache und sorgen für die nötige Inspiration.
- Sie loben die Menschen in Ihrem Umfeld und zeigen Anerkennung.

IHR BEVORZUGTER FÜHRUNGSSTIL

- Sie können begeistern und zeigen Ihre Qualitäten, wenn „Führung mit Vision" gefragt ist.
- Sie entwickeln persönliche Beziehungen zu Ihren Mitarbeitern – im Gegensatz zu einem distanzierten, aufgabenorientierten Management oder Führungsstil.
- Sie lassen sich auf Risiken ein, wenn es für Ihre Mitmenschen etwas bringt.
- Sie führen eine Vielfalt von Menschen, Ressourcen und Programmen zusammen.
- Sie können relativ schnell erkennen, wo es Übereinstimmungen gibt, können Differenzen in der Gruppe vermittelnd aushandeln, so dass sich schließlich jeder und jede in einem harmonischen Umfeld wiederfindet.
- Sie führen mit der Überzeugung, dass sich Führung und Autorität auf Integrität gründen und nicht auf Position.

IHR BEVORZUGTER KOMMUNIKATIONSSTIL

- Sie reden mit Energie und Begeisterung.
- Sie antworten spontan und aus dem Stegreif.
- Statt einen Brief zu schreiben, reden Sie viel lieber direkt mit der Person.

- Sie benutzen eine lebendige bildhafte Sprache.
- Sie sehen das große Bild vor Ihren Augen und präsentieren das gewöhnlich zuerst.
- Sie teilen Ihre unkonventionellen Einsichten mit, und zwar auf ebenso unkonventionelle Weise.
- Sie überzeugen andere, indem Sie das Thema mit Emotionalität präsentieren.
- Sie sprechen aus persönlicher Erfahrung.

WAS SIE MOTIVIERT UND WAS SIE DEMOTIVIERT

- Abwechselung, Herausforderung, Diversifikation, etwas Neues, neue Ideen motivieren Sie.
- Wenn Sie die Gelegenheit haben, sich selbst darzustellen, sich persönlich zu entwickeln und zu lernen, sind Sie motiviert.
- Sie schätzen es, wenn Sie bestätigt und anerkannt werden.
- Wenn Sie die Möglichkeit haben, Ihre Einsichten zum Wohl aller einzusetzen, fühlen Sie sich motiviert.
- Sie verlieren Ihre Energie, wenn Beteiligung nicht erwünscht ist oder wenn es kleinkariert zugeht.

IHR BEITRAG IM TEAM

- Sie bringen kreative Ideen und humanitäre Werte mit ein.
- Sie können hervorragend Menschen und Ressourcen in einer Gesamtvision integrieren.
- Sie konzentrieren sich lieber auf die großen Zusammenhänge.
- Achtung – Sie können eventuell ein Team auf ein Nebengleis führen, weil Sie so viele Möglichkeiten in einem Projekt erkennen und sich dabei verzetteln.
- Sie fühlen sich eventuell von Teammitgliedern irritiert, die negativ denken oder alles durch eine kleine Linse sehen.
- Sie sind Optimist, was Zeitabläufe und Arbeitsbelastung betrifft – Sie versprechen sich und anderen manchmal mehr als was vernünftig oder machbar ist.
- Sie lassen sich leicht von Teammitgliedern irritieren, die anderen im Team gegenüber keinen Respekt zeigen.

IHR PERSONLICHER LERNSTIL

- Sie bevorzugen Lerneinheiten, die Abenteuer versprechen und kreativ sind.
- Sie brauchen Zeit, um Möglichkeiten auszuloten, Fragen zu stellen und Ihre Vorstellungskraft einzubringen.
- Sie lernen durch Methodenvielfalt.
- Sie mögen keine enge Struktur oder bloßen Vorlesungsstil.
- Sie sind erfolgreich, wenn der Lehrer oder Moderator persönliches Interesse für Sie zeigt.

EINIGE VORSCHLÄGE FÜR IHRE PERSÖNLICHE ENTWICKLUNG

- Beschäftigen Sie sich nicht zu intensiv mit den Problemen und Bedürfnissen der anderen.
- Üben Sie sich darin, Ziele zu setzen; wählen Sie sorgfältig eine Handlungsstrategie, auf die Sie sich einlassen können, und bleiben Sie am Ball, bis Sie ans Ziel gekommen sind und die Aufgabe abgeschlossen ist.
- Achten Sie mehr auf Details und Routinen (die durchaus sinnvoll sind und ihren eigenen Stellenwert haben).
- Nehmen Sie Kritik nicht persönlich – wandeln Sie Kritik in nützliches Feedback für Ihre eigene persönliche Entwicklung.
- Halten Sie an und denken Sie zuerst nach, bevor Sie in eine andere Richtung loslaufen – Sie können andere frustrieren durch Ihre Neigung als ENFP mitten im Lauf die Richtung zu wechseln.

INTJ
(Introvertiert, iNtuitiv wahrnehmen, analyTisch entscheiden, strukturorientiert – J)

INTJs kann man beschreiben als fantasievoll, von bestimmten Vorstellungen inspiriert, beharrlich und antriebsstark. Sie leben in einer Welt der reinen Ideen, Konzepte und Assoziationen, die so eigen geprägt sind, dass nicht viele Ihre Vision nachvollziehen können. Sie besitzen ein gesundes Selbstvertrauen und sind individualistisch. Es ist typisch für Sie als INTJ, dass Ihnen die Welt keine Erlaubnis geben muss, an sich selbst zu glauben.

Sie ziehen gern von einem Projekt zum nächsten und widmen Ihre ganz spezielle Kompetenz der nächsten Erfindung oder Umorganisation. Sie gehen an das Leben heran als Erfinder, Erneuerer, Organisator und Prüfer.

Sie können gut unwesentliche Information herausfiltern, so dass Sie sich auf die kritischen Themen konzentrieren können, um eine Planung aufzustellen, Konflikte zu lösen und mit geringstem Aufwand Angelegenheiten abzuwickeln. Es kann dabei aber vorkommen, dass Sie den Informationsfluss einschränken, indem Sie nur eine Diskussion der Themen zulassen, die Sie für „wesentlich" halten.

Sie haben einen inneren Antrieb, Leistung zu erbringen und sich selbst ständig zu verbessern. Sie setzen sich selbst wahrscheinlich hohe Maßstäbe, stellen mental für sich Listen zusammen von dem, was Sie lernen, erreichen und beherrschen sollten. INTJs finden oft die Zeit mit einem äußerst schwierigen Problem fertig zu werden und eine extrem komplizierte Situation zu entwirren. Sie haben die Tendenz Entscheidungen auf einer nicht-persönlichen, objektiven Grundlage zu treffen. Sie mögen sich bewusst sein, dass solch ein unpersönliches Verhalten eventuell negative Wirkung auf Menschen hat, die eher wertorientiert sind, aber Sie wissen für sich, wie wichtig klares Denken ist.

Unabhängig davon, in welchem Beruf Sie sind, wird die Art und Weise, wie Sie denken, im Wesentlichen einen wissenschaftlichen Zug haben. So können Sie dann Ihre Modellvorstellungen auf reale Projekte anwenden. Als INTJ haben Sie generell eine Wertschätzung für Intelligenz und versuchen ständig Ihr Wissen zu erweitern.

IHR BEITRAG ZUR ORGANISATION

- Sie sind ein Meister der Ideen und Systeme, Sie entwerfen und bauen neue Modelle.
- Ihre Stärke liegt in der Analyse und in der Strategieentwicklung.
- Sie glauben an Ihre eigene innere Vision, an Ihre Willensstärke, und Sie können damit Berge versetzen.
- Sie sind absolut entschlossen, Ziele zu verwirklichen und neue Fähigkeiten zu erwerben.
- Sie arbeiten gern dort, wo Sie die Freiheit haben zu planen und die Planungen zu realisieren.
- Sie entwerfen Pläne und setzen Sie um – stets mit dem Ziel, die vorhandenen Ressourcen möglichst effizient und effektiv auszunutzen.
- Im Denken und Tun sind Sie extrem innovativ.
- Sie arbeiten bevorzugt alleine und beraten sich kaum mit anderen.
- Sie haben keine Angst vor Veränderungen und komplexen Problemen.

IHR BEVORZUGTER FÜHRUNGSSTIL

- In Führungsrollen treten Sie kraftvoll und entschieden auf, dabei haben Sie Ihren Blick eher auf die Aufgaben als auf Beziehungen gerichtet.
- Sie sorgen für den Fokus, um ein vorgegebenes Ziel genauer zu definieren, zu bestimmen und umzusetzen.
- In einer Krise steuern Sie konsequent auf die Lösung zu, sobald Sie die Einzelteile in ein Gesamtbild einfügen können.
- Sie scheuen sich nicht, wenn nötig, die ganze Organisation umzustellen.
- Kompetenz ist Ihnen wichtig, nicht so sehr Titel oder wie lange jemand schon auf dem Posten ist.

IHR BEVORZUGTER KOMMUNIKATIONSSTIL

- Sie kommunizieren nur das, was Ihnen wesentlich erscheint, und nehmen keinen Bezug auf das, was sowieso offensichtlich ist.
- Sie denken nach, bevor Sie eine Antwort geben, und man muss vieles aus Ihnen herauslocken.
- Sie sprechen lieber mit Einzelnen anstatt vor großen Gruppen.

- Sie schreiben lieber ein Memo, als mit der Person direkt zu sprechen.
- Sie fassen sich kurz, kommen auf den Punkt, sind objektiv und gedanklich präzise.
- Sie überzeugen andere durch klares Denken, Logik und Argumentation.
- Sie lassen sich überzeugen durch nüchterne, logisch-analytische und ungewöhnliche Einsichten.

WAS SIE MOTIVIERT UND WAS SIE DEMOTIVIERT

- Sie mögen Modelle bzw. Systeme planen, entwerfen und umsetzen; Sie mögen effiziente langfristige Strategien.
- Sie arbeiten gern mit anderen eigenständigen Menschen und verlangen Autonomie.
- Sie mögen Struktur und Ordnung, möchten eigentlich nicht an vielen Besprechungen teilnehmen; Sie brauchen viel Zeit für sich, um nach innen zu schauen.
- Das Schillernde finden Sie interessant und streben nach Klarheit.
- Sie haben nichts übrig für eine Umgebung, in der Bürokratie herrscht, wo man sich nach dem Protokoll richten muss und wo viel Papierkram zu erledigen ist.

IHR BEITRAG IM TEAM

- Sie leisten gern Ihren Teil, wenn dadurch die Arbeit getan wird.
- Sie sorgen für Strategie, Vision, den Blick für den größeren Zusammenhang und für neue Perspektiven.
- Sie arbeiten mit System und erledigen die Aufgaben termingerecht.
- Sie analysieren die Alternativen und bieten neue Perspektiven an, langfristige Strategien und Visionen.
- Sie irritieren andere, wenn Sie manchmal so darauf fixiert sind, eine Aufgabe oder ein Projekt fertig zu stellen.
- Andere irritieren Sie, wenn sie keinen Respekt für Ihre Ideen oder Fragen zeigen.
- Es macht Sie ungeduldig, wenn Teammitglieder Informationen nicht schnell genug aufnehmen können.

IHR PERSONLICHER LERNSTIL

- Sie lernen analytisch, sind unabhängig und können auf Ressourcen zurückgreifen; Routine langweilt Sie.
- Sie schätzen es, wenn Sie genug Zeit und Freiheit haben, ganz und gar in ein Thema, das Sie interessiert, eintauchen zu können.
- Sie lernen, indem Sie Modelle, die erklären, wie etwas funktioniert, entwickeln und umsetzen.
- Sie brauchen die Herausforderung, besonders von Seminarleitern und Moderatoren, vor denen Sie Respekt haben.

EINIGE VORSCHLÄGE FÜR IHRE PERSÖNLICHE ENTWICKLUNG

- Widmen Sie Ihre Aufmerksamkeit zunächst dem, was die Leute richtig machen, bevor Sie ihre Fehler aufdecken.
- Sie sollten mehr auf die Motivation, Einstellungen, Emotionen und Bedürfnisse von anderen achten.
- Bemühen Sie sich, flexibler und offener zu werden.
- Lernen Sie, andere in Projekte, Ideen und Pläne einzuführen; lernen Sie, Dinge zu delegieren.
- Lernen Sie, mehr die Details und Routinen zu beherrschen, auch wenn Sie viel mehr Spaß an der Welt der theoretischen und abstrakten Dinge haben.

INFJ
(Introvertiert, iNtuitiv wahrnehmen, wertorientiert entscheiden – F, strukturorientiert – J)

INFJs sind fantasievoll, lassen sich inspirieren, sind beharrlich, kreativ und beziehen ihre Energie aus ihrem Innenleben. Hindernisse in der Außenwelt und Erwartungen von außen bedeuten ihnen nicht so viel wie ihre eigenen anspruchsvollen persönlichen Maßstäbe. INFJs treffen ihre Entscheidungen auf der Basis ihrer eigenen Werte. Ihre Freunde, Kolleginnen und Kollegen nehmen sie im Allgemeinen als selbstbewusst und individualistisch wahr.

Als INFJ leben Sie in der Welt der Ideen. Sie konzentrieren Ihre Aufmerksamkeit auf das, was möglich ist. Sie entwickeln Vorstellungen und Pläne, wie Sie Ihre Ideen umsetzen können. Ihre ganze Energie richtet sich darauf, Ihr Ziel zu erreichen. Sie sehen Probleme schon, bevor sie eingetroffen sind, und Sie entscheiden im Voraus, was Sie im Falle von auftretenden Schwierigkeiten tun könnten. Sie vertrauen Ihrer Intuition und scheuen sich nicht, instinktiv zu handeln. Andere erleben es oft mit Staunen, dass Sie Werturteile abgeben können aufgrund von nicht verifizierbaren Daten. Aber es ist so: Ihre Erfahrungen zeigen gewöhnlich, dass Sie mit Ihrer Einsicht recht gehabt haben. Sie wissen instinktiv, wie Sie Menschen erreichen und mit ihnen klar kommunizieren können. Besser als Personen mit anderen Persönlichkeitsprofilen können Sie Gefühle zum Ausdruck bringen und Menschen betroffen machen.

Vor allem geht es Ihnen um Echtheit und Ernsthaftigkeit. Sie offenbaren Ihr Inneres nicht einfach so im Vorübergehen. INFJs investieren ihre Zeit, Energie und Zuwendung nur in ganz wenige Menschen. Ihr Maßstab für Freundschaft ist Tiefe und Langlebigkeit, und nicht die Anzahl von Freunden. Sie sind bestrebt andere auf einer tieferen Ebene zu verstehen und erwarten dieses Verstehen auch von der anderen Seite. Obwohl Sie das Zusammensein mit Menschen schätzen, bevorzugen Sie eher eine ruhige Arbeitsumgebung. Sie stellen fest, dass Sie beste Ergebnisse erzielen, wenn Sie alleine arbeiten. Um Spitzenleistungen zu bringen, brauchen Sie ein harmonisches Arbeitsumfeld. Sie sind ein wahrer Perfektionist, wenn es darum geht, qualitativ gute Arbeitsergebnisse zu bringen. Ihr Kennzeichen ist Kreativität. Es ist unbedingt wichtig für ein INFJ, einen Moment lang inne zu halten und auf die eigenen persönlichen Bedürfnisse zu hören, damit ihre Kreativität voll aufblühen kann.

IHR BEITRAG ZUR ORGANISATION

- Sie bemühen sich um andere, und zwar unaufdringlich, wirkungsvoll, persönlich und mit echtem Interesse.
- Sie sehen Möglichkeiten und Beziehungen, die viele andere nicht erfassen.
- Sie zeigen Konzentration und die Fähigkeit, beharrlich an einer Sache dran zu bleiben.
- Sie liefern Erkenntnisse hinsichtlich zukünftiger Möglichkeiten.
- Sie gehen gern an komplexe Themen heran, die etwas mit Menschen und Dingen zu tun haben.
- Ihr Blick ist darauf gerichtet, wie Harmonie erzeugt werden kann und wie man sich für ein größeres gemeinsames Gut einsetzen kann.
- Sie generieren innovative Lösungen für komplexe Probleme.
- Sie bringen Kreativität und Zukunftsorientierung in eine Organisation ein.
- Sie vertrauen und folgen Ihrer eigensten und kreativen Vision, auch wenn Sie dabei Risiken eingehen müssen.

IHR BEVORZUGTER FÜHRUNGSSTIL

- Wenn Sie führen, werden Sie zum Anwalt der anderen und deren Talente.
- Andere folgen Ihnen aufgrund Ihrer Begeisterung, und weil Sie selbst an die Sache glauben.
- Ihre ganze Aufmerksamkeit und Ihre Beharrlichkeit investieren Sie, um das zu verwirklichen, was Sie inspiriert.
- Sie bevorzugen Vorausplanung, um dadurch alle Unwägbarkeiten auszuschließen und Krisen zu vermeiden.
- Sie sind bereit für die Rolle des Pioniers und wagen sich durchaus in unerforschtes Gebiet.
- Sie stellen mutig anerkannte Expertenmeinung und allgemein akzeptierte Überzeugungen in Frage.

IHR BEVORZUGTER KOMMUNIKATIONSSTIL

- Sie behalten Ihre Energie und Ihre Spannung für sich.
- Sie brauchen Zeit zum Nachdenken, bevor Sie eine Antwort geben, und warten darauf, herausgelockt zu werden.

- Sie sprechen lieber mit Einzelpersonen als vor großen Gruppen.
- Sie schreiben lieber Berichte als mit Personen zu reden.
- Sie benutzen eine globale und farbige Sprache statt einer präzisen und einfachen Sprache.
- Sie vermitteln neue Einsichten und ungewöhnliche Ansätze.
- Sie überzeugen und lassen sich überzeugen durch das, was mit Emotion und mit persönlicher Note vorgetragen wird.
- Sie erzählen persönliche Beispiele, um Ihr Anliegen zu kommunizieren.

WAS SIE MOTIVIERT UND WAS SIE DEMOTIVIERT

- Ihnen geht es am besten, wenn Sie in einer ruhigen und geordneten Umgebung sind.
- Sie brauchen ein liebevolles und harmonisches Umfeld.
- Sie schätzen ein positives Feedback, wenn es um Ihre eigensten Beiträge geht.
- Sie suchen nach Gelegenheiten zu lernen, sich zu entwickeln und Probleme zu lösen.
- Sie möchten die Freiheit haben, Ihre Ideen zu äußern und umzusetzen.
- Vermeiden Sie Situationen, wo Sie nicht kreativ und innovativ sein können.

IHR BEITRAG IM TEAM

- Sie fördern Harmonie und erreichen, dass alle ihren Beitrag dazu leisten.
- Sie sorgen für den großen zusammenhängenden Überblick und für die gründliche Zusammenfassung.
- Sie bringen kreative und klare Wahrnehmungen und Visionen in die Runde.
- Sie können meisterhaft Menschen, Ressourcen, Ziele und Visionen in Einklang bringen.
- Sie lassen sich von Teammitgliedern irritieren, die sich gedankenlos nicht um andere kümmern.
- Sie irritieren andere, wenn Sie sich stur an einer Idee festbeißen.
- Sie mögen keine Teammitglieder, die eine pessimistische Einstellung haben und nichts beitragen.

IHR PERSÖNLICHER LERNSTIL

- Sie schätzen lebensbegleitendes Lernen, indem Sie mit anderen in Kontakt sind, oder durch Lesen und Schreiben.
- Sie bevorzugen Instrumente und Materialien, die eine klare Struktur haben.
- Sie mögen zukunftsorientierte Konzepte, Theorien, Abstraktionen und Ideen.
- Sie vermeiden Lernsituationen, wo „oberlehrerhaft" von vorn geleitet wird, und Sie mögen kein Schwarz-Weiß-Denken.

EINIGE VORSCHLÄGE FÜR IHRE PERSÖNLICHE ENTWICKLUNG

- Üben Sie sich darin, etwas objektiver und realistischer zu sein und beziehen Sie relevante Daten und Fakten mit ein.
- Lernen Sie abzuschätzen, wann es an der Zeit ist, die Taue zu kappen, wenn eine Vision sich einfach als unerreichbar erweist.
- Üben Sie sich darin, Ihre Ideen zu äußern; treten Sie etwas selbstbewusster auf.
- Versuchen Sie, Kritik oder Konflikt nicht so persönlich zu nehmen.
- Denken Sie an sich selbst und Ihre eigenen, persönlichen Bedürfnisse, um inneres Ausbrennen zu vermeiden.

7 Anwendungen der Typentheorie

Typentheorie beschreibt Prozesse, die in allen Lebensbereichen wirken. Die Prozesse verbinden sich jeweils mit unterschiedlichen Inhalten und Verhaltensweisen. Wir werden auf einige dieser Bereiche kurz eingehen. Der GPOP ist ein hervorragendes Instrument, um z. B. die Dynamik in einem Team oder die individuellen Führungsstile *zum allgemeinen Nutzen* fruchtbar zu machen. In solchen Prozessen empfiehlt sich auf jeden Fall – zumindest in der ersten Phase – die Begleitung durch einen erfahrenen Berater, der verantwortlich mit Typentheorie und dem Indikator umgehen kann. Stress, Störungen und Konflikte können vermieden werden, wenn die typischen Prozesse bewusst werden. Für Wirtschaftsunternehmen ist es ein nicht zu unterschätzender Kostenfaktor, wenn z. B. Teamarbeit effektiver gestaltet werden kann. Allein die amerikanische Industrie verliert jährlich einen Milliardenbetrag durch mangelhafte Kommunikation oder uneffektive Führung.

Für Lehrer und Ausbilder kann der GPOP eine Hilfe sein, um ein breiteres Spektrum von unterschiedlichen Schülern und Schülerinnen anzusprechen.

Sie selbst werden ohne weiteres eine Vielzahl von Umsetzungsmöglichkeiten des GPOP entdecken, sobald Sie die Grundideen internalisiert und sich mit ihrer Anwendung vertraut gemacht haben. Der Profiler leitet dazu an, Eigenprägung als Stärke, die eigene bevorzugte Art als Freund und Verbündeten und Wahrnehmungen als Posten auf der Aktivseite zu begreifen. Der richtige Einsatz der Typentheorie führt zu einem besseren Verständnis und Ausnutzung unserer potenziellen Fähigkeiten. Wenn Sie beginnen, Typentheorie im Alltag einzusetzen, werden Sie über die Bandbreite erstaunt und überrascht sein. Zunächst geht es beispielhaft um einige Anwendungsbereiche. Dann werden Sie sehr schnell feststellen, dass Typentheorie vieles von dem berührt, was Sie tun.

7.1 Schulung von Führungskräften

„Menschenführung hat eine kritische und wegweisende Aufgabe: sie kann menschliche Erfahrung vertiefen und Hoffnung vermitteln, dass es eine Zukunft gibt" (Terry, 1986).

Der Profiler setzt voraus, dass jede Person Führungsqualitäten besitzt. Jeder kann leiten. *Wie* geleitet wird, hängt vom Typ ab.

Im ersten Schritt werden Einzelne dazu befähigt, ihre individuellen Führungseigenschaften zu entdecken und zu verstärken. Dies ist nicht statisch vorzustellen, als ob ein Befund festgestellt wird, sondern es geschieht im Sinne eines Prozesses. Ziel ist also nicht, irgendwelche Begrenzungen der eigenen Fähigkeiten zu bestimmen, sondern zu einem „den Neigungen entsprechendem Handeln" zu finden (Bents & Howey, 1981). Eine recht verstandene typische Art des Agierens wird stets um Selbstwahrnehmung und Fremdwahrnehmung bemüht sein. Es geht darum, andere unterschiedliche Typen zu verstehen und mit ihnen effektiv zu kommunizieren.

In der nächsten Phase werden die Führungsstile anderer bewusst wahrgenommen und im eigenen Repertoire integriert – man wird sich bewusst, dass es sich bei diesen anderen Führungsstilen um von einem selbst nicht bevorzugte Variationen handelt.

Wenn wir uns auf das dynamische Zentrum der Persönlichkeit (die zwei mittleren Buchstaben) konzentrieren, können wir vier elementare Führungsstile beschreiben: ST – den effektiven Organisator in der Bürokratie; SF – den freundlichen Verhandlungspartner; NF – die kollegiale, innovativ-stimulierende Führungspersönlichkeit; und NT – der unternehmerische Konstrukteur und konzeptionelle Planer.

Die ST-Führungspersönlichkeit ist vom Profil ein Umsetzer und Macher. Ihr erstes Interesse gilt der Hierarchie im Unternehmen. Ein solcher Typ ist sehr effektiv in Situationen, in denen Aufgaben klar definiert sind. Er ist pflichtbewusst, verlässlich, realistisch und bemüht sich ständig, das Produkt den Ansprüchen des Marktes anzupassen. ST-Führungspersönlichkeiten entwickeln Richtlinien, Regeln und Terminpläne. Sie gehen den Dingen nach, sind geduldig, gründlich und zeigen Verantwortungsbewusstsein und Loyalität.

Die SF-Führungspersönlichkeit ist stets verhandlungsbereit und wird alles Mögliche tun, um jeden in Entscheidungsprozesse mit einzubeziehen. Das Augenmerk richtet sich auf die Bedürfnisse der Menschen innerhalb des Unternehmens. Wache Aufmerksamkeit für den Sachverhalt und ein offener, flexibler Stil ermöglichen eine spontane Reaktion auf Probleme. Der SF-Führungstyp sorgt für Klarheit in der Kommunikation und arbeitet auf ein gutes Arbeitsklima hin. Er lebt in der Gegenwart und ist bemüht, seine Organisation auf gegenwärtige Bedürfnisse einzustellen. Die SF-Maxime lautet: Das Produkt muss den gegenwärtigen Bedürfnissen entsprechen.

Der NF-Typ ist eine stimulierende Führungspersönlichkeit. Sein Ziel ist das Wachstum des Unternehmens und Förderung der Mitarbeiter. Die NF-Führungskraft bemüht sich um die humanitären Aspekte. Seine besondere Stärke liegt in der Motivationsfähigkeit. Der NF-Typ kann andere für eine Aufgabe begeistern. Er bemüht sich um Sinnzusammenhänge und Authentizität. NF-Manager werden leicht empathisch, wenn sie das Potenzial ihres Unternehmens im Blick haben. Sie vermitteln Anerkennung, Enthusiasmus und Zustimmung. Sie sind sehr aufgeschlossen, wenn es um zwischenmenschliche Beziehungen geht, und legen deshalb großen Wert auf einen guten Kontakt mit ihren Mitarbeitern. Die NF-Maxime lautet: Motivation der Mitarbeiter steigert die Produktion.

Der unternehmerische NT-Führungstyp bemüht sich um Unternehmensziele und -strukturen. Kompetenz und Wissen – danach strebt er. NT-Typen in Leitungspositionen legen Konzepte fest, entwickeln Prototypen, Pilotprojekte und Modelle. Sie planen Veränderungsstrategien. Sie widmen sich den potenziellen Möglichkeiten und benutzten dazu sachliche Analysen. Sie fangen gern Projekte an, ziehen aber eine Sache nicht unbedingt bis zum Ende durch, weil sie auf Grund ihrer ausgeprägten Anpassungsfähigkeit ständig auf neue Ideen reagieren. Die NT-Maxime lautet: Planvolle Veränderungsstrategien einführen, um die Zukunft des Unternehmens zu sichern.

Verschiedene Führungsstile rufen unterschiedliche Reaktionen hervor. Hinzu kommt, dass jeder Einzelne im Unternehmen zusätzliche Eigenprägung mitbringt. Die jeweiligen Präferenzen im Wahrnehmungs- und Entscheidungsprozeß müssen entsprechend in Erwägung gezogen werden. So haben viele Unternehmen die Notwendigkeit erkannt, Entscheidungsprozesse ganzheitlicher anzugehen. Da viele der Entscheidungsträger ST-Typen sind, gibt es zurzeit bei Entscheidungsprozessen einen größeren Bedarf für intuitive und ethische Zugänge (Bents & Bents, 1986). Bezieht man die verschiedenen Zugänge ein und sorgt für eine angemessene Reaktion, können Produktivität und Zufriedenheit in Unternehmen wesentlich verbessert werden.

7.2 Kommunikation

Menschen zeigen unterschiedliche Präferenzen in der Art, wie sie die Welt wahrnehmen und Entscheidungen treffen. Der hier beschriebene Rahmen des Profiler bietet eine Möglichkeit, diese Unterschiede zu verstehen. Je deutlicher sich Menschen in einem kommunikativen Prozess voneinander unterscheiden, desto größer ist die Wahrscheinlichkeit, dass Missverständnisse auftreten.

Es geht nicht darum, dass man alles können muss. Wenn man seine eigenen Stärken und Präferenzen nutzen und auf der anderen Seite die Stärken und Präferenzen anderer akzeptieren kann, ist es möglich, sich eine größere Spannweite menschlicher Resourcen zu Nutze zu machen. Wenn Unterschiede als Bereicherung angesehen werden, können Menschen auf interessantere Weise miteinander in Beziehung treten.

Individuelle Unterschiede beeinflussen zwischenmenschliche Kommunikation und wirken sich damit auf Aufgaben und Beziehungen aus. Beziehungen können verbessert werden. Im folgenden geben wir einige Hinweise, wie dies mittels des Profiler geschehen kann.

Der Typus mit Sinneswahrnehmung (S) glaubt nur an das, was seinen fünf Sinnen zugänglich ist. Wenn er mit einer neuen Idee konfrontiert wird, sucht er spontan den Webfehler im Gedanken. Er beschließt vielleicht, dass die Idee nicht umzusetzen ist und verwirft sie. Für einen S-Typ empfiehlt sich, seine Kritik positiv zu formulieren, z. B. so: „Es könnte funktionieren, wenn …“ Aus seiner Erfahrung kann er dann bestimmte Einwände vorbringen. Er könnte aber auch eine Frage stellen, wie zum Beispiel: „Wie würden Sie dies und das und jenes anpacken?“ und hört zunächst einmal aufmerksam zu. Selbstverständlich sollten solche Fragen oder Sätze in einem einladenden Ton formuliert werden, damit man bereitwillig antworten kann.

Wenn man mit einem S-Typ arbeitet, empfiehlt es sich, die Details auszuarbeiten. Fakten und Vorgehensweise sollten klar definiert sein.

Der intuitive Typ (N) ist als Typ ein „abgehobener“ Denker. Oft, wenn der Intuitive eine phantastische Idee hat, trägt er sie in einer nebulösen und skizzenhaften Form vor. Wenn Sie einem intuitiven Typ zuhören, werden Sie bitte nicht ungeduldig. Konzentrieren Sie sich in aller Ruhe auf das Wichtige und ignorieren Sie einfach das nicht ausgearbeitete Drumherum.

Wenn Sie einem intuitiven Typ eine Idee präsentieren, müssen Sie sie auf den Punkt bringen bzw. rechtzeitig das Thema einbringen. Verlieren Sie sich nicht in Details. Wenn Sie seine Kooperation brauchen, stellen Sie ihm am besten eine Frage, z. B. „Wie würden Sie diese oder jene Sache anpacken?“ und der intuitive Typ wird sich bei einer solchen Einladung nicht verweigern und mit Ihnen gern über die Widerstände bei einer anvisierten Lösung nachdenken.

Analytische Typen (T) arbeiten nach logischen Gesichtspunkten und könnten vergessen, dass es irrationale, menschliche Beweggründe und Reaktionen gibt, die in jeder zwischenmenschlichen Beziehung mitschwingen. T-Typen haben die Neigung, ihre Position unverblümt und ohne Feingefühl für die Betroffenen zu äußern. Dem T-Typ muss klar und deutlich gesagt werden, wie andere Menschen fühlen und welche Werte er verletzt, so dass er diese miteinbeziehen und entsprechend reagieren kann.

Auf der anderen Seite legen F-Typen viel Wert auf Harmonie, achten auf das, was Ihnen persönlich wichtig ist, und auf positive Gefühle. Sie haben eine Antenne für die Sympathien und Antipathien ihrer Mitmenschen. Sie setzen oftmals voraus, dass andere genauso sensibel sind wie sie selbst. Zu spät merken sie, dass dies eindeutig eine Fehleinschätzung ist. Sie müssen lernen, Gefühlsaspekte in einer ruhigen, aber bestimmten Art einzubringen.

Wenn ein analytischer Typ (T) es mit einem Typus zu tun hat, der eher auf die in den Gefühlen verpackten Werte achtet (F), sollte er stets bedenken, dass dieser Harmonie schätzt und zunächst nach einer Übereinstimmung sucht. Er ist schnell bereit zuzustimmen, wenn man ihm die Gelegenheit dazu gibt. Der analytische Typ kann dies zu Beginn einer Diskussion berücksichtigen, indem er auf Übereinstimmungen hinweist. Hat man diesen Akzent gesetzt, können Unstimmigkeiten diskutiert, verhandelt und abgestimmt werden.

Aus der anderen Sicht – wenn ein F-Typ es mit einem analytischen Typ (T) zu tun hat, sollte er sich daran erinnern, dass Analytiker Logik und Rationalität schätzen. Sie stehen nicht unter dem Druck einer harmonisierenden Zustimmung, sondern können Unterschiede stehen lassen, solange die Regeln der Logik eingehalten werden. Ein F-Typ kann eine Diskussion damit beginnen, indem er die logischen Schritte in Umrissen darstellt und anschließend dem Analytiker die Möglichkeit bietet, Stellung zu den verschiedenen Themen zu nehmen, ohne unter Umständen zu einem Konsens zu kommen.

Für eine gelingende Kommunikation sind Zuhören, Verstehen und eine Einstellung ohne Feindbild unabdinglich. Es liegt in der menschlichen Natur, nicht aufmerksam zuzuhören, wenn man das Gesagte irrelevant oder unwichtig findet. Wir urteilen meist zu schnell und aus unserer eigenen bevorzugten Perspektive heraus, ob wir vom anderen wichtige oder unwichtige Informationen zu erwarten haben. Weil dies die gängige Erfahrung ist, versucht jeder, möglichst schnell zu erkennen zu geben, dass er etwas Wertvolles beizutragen hat. Problem ist, dass Wertvorstellungen von Typ zu Typ unterschiedlich sind.

Für S-Typen sind Fakten wichtiger als Möglichkeiten. Sie möchten eine klare Beschreibung des Problems, bevor sie nach möglichen Lösungen gefragt werden.

Intuitive Typen möchten die Aussicht auf interessante Möglichkeiten, bevor sie sich um Fakten bemühen.

T-Typen fordern, dass eine Darstellung einen Anfang, eine logische Abfolge von Punkten und ein Ende hat. Sie brauchen vor allem das Ende und reagieren ungeduldig auf Wiederholungen und Weitschweifigkeit.

F-Typen interessieren sich hauptsächlich für persönliche Inhalte. Wenn man deutlich machen kann, dass es vor allem um die Menschen geht, hören sie aufmerksam zu.

Wenn ein Kompromiss zwischen gegensätzlichen Typen angesagt ist, muss man Folgendes beachten:

- S-Typen möchten eine Lösung, die funktioniert.
- N-Typen möchten Möglichkeiten sehen, die Aussicht auf Wachstum und Verbesserung bieten.
- T-Typen möchten eine Lösung, die Systematik hat.
- F-Typen möchte eine Lösung, die menschlich ist.

Eine gute Idee kann man mit etwas Einfühlungsvermögen aus jeder dieser Perspektiven präsentieren. Alle Typen fühlen sich zunächst berechtigt, das abzulehnen, was aus ihrer Sicht falsch ist. Hier liegt das Problem: Auf jeden Angriff reagieren die Kommunikationspartner mit Verteidigung – und die Verständigung bricht zusammen. Auf einem anderen Weg kommt man jedoch schneller und besser ans Ziel: Wenn man Unterschiede als Bereicherung begrüßt und versucht, eingefahrene Kommunikationsmuster zu durchbrechen und erweitern.

7.3 Ausbildung

Die Typentheorie wird im Bereich der Ausbildung angewendet. Drei Ziele haben wir dabei im Blick:

1. Schülern und Schülerinnen, Studenten und Studentinnen ihr eigenes Lernverhalten bewusst machen;
2. Lehrern und Lehrerinnen helfen, bei der Vermittlung ihres Lehrstoff sowohl die eigenen Neigungen als auch die ihrer Schüler und Schülerinnen einzubeziehen;
3. eine umfassende Klärung der Gesamtziele eines Ausbildungsprogramms.

Auszubildende lernen und nehmen Informationen auf, indem sie entweder ihre Präferenz für Wahrnehmung über die Sinne (S) oder über die Intuition (N) benutzen. Sie kommen zu Schlussfolgerungen oder treffen Entscheidungen auf Grund analytischer (T) oder wertgeleiteter (F) Beurteilung. Auszubildende lernen, indem sie sich mit Objekten, und Menschen auseinander setzen. Sie lernen über konkrete Ausdrucksformen, Ideen, Allgemeinsätze und Abstraktionen. Jeder hat seinen eigenen Zugang zum Lernstoff. Ist man mit verschiedenen Lernweisen vertraut, kann man sich besser auf den Lernprozess einstellen.

Ausbilder bevorzugen und praktizieren verschiedene Methoden. Man erwartet natürlich von Personen, die sich zum Lehrberuf ausbilden lassen, dass sie sich selbst einschätzen können und mit der Zeit eine Methode finden, die ihrem Typ entspricht. Mit der Berufserfahrung wächst gleichzeitig die Herausforderung, verschiedene Lehrmethoden anzuwenden, um einzelnen Schülern gerecht zu werden. Gute Lehrer nehmen schnell wahr, dass ihre Studenten unterschiedliche Lernweisen haben. Die Typentheorie bietet Hilfestellung, um Lehrmethoden nach Bedarf anzuwenden und Schüler auf effektives Lernen hin zu motivieren. (Hanson & Silver, 1981).

ST-Lehrer und -Lehrerinnen erkennt man an ihrer Fähigkeit im Umgang mit Fakten. Sie können gut memorieren, können sich mündlich und schriftlich sehr präzise äußern und gehen in allem systematisch vor. Sie arbeiten zielorientiert und möchten am liebsten sofort greifbare Ergebnisse zur Verfügung haben. Sie wissen, was getan werden muss, und sind im Vorgehen genau. Sie bevorzugen einen Stil, der an der Beherrschung des Stoffs orientiert ist. Sie sind praktisch veranlagt, folgen einer Ordnung, sind auf Details bedacht und legen Wert auf Regeln und Abläufe.

SF-Lehrer sind eher spontan, offen für Anregungen und achten auf die vorhandenen subjektiven Wertvorstellungen. Sie können persönliche Gefühle ausdrücken, sind sich der Gefühle anderer Menschen bewusst und urteilen nach Sympathie und

Antipathie. Der Kontext zwischenmenschlicher Beziehungen und persönliche Erfahrungen spielen bei der Vermittlung des Unterrichtsstoffes eine wichtige Rolle. Sie beherrschen Methoden, die eine subjektive Dimension haben, und können damit Menschen persönlich ansprechen. Solche Typen beobachten die Menschen, interessieren sich für sie und handeln in ihrem Interesse. Sie haben einen Lehrstil, der andere einbezieht. Sie sind einfühlend, taktvoll, um das Wohl anderer besorgt und auf Harmonie und Zusammenarbeit bedacht.

NF-Lehrer betonen Entwicklung, interessieren sich für Zukunftsperspektiven und für die Lösung sozialer Probleme. NF-Typen können Fakten und Details gut interpretieren und in einen größeren Zusammenhang stellen. Sie präsentieren Ideen auf originelle, ungewöhnliche Art. NF-Lehrer stellen sich auf neue Situationen schnell ein und können spontan und ohne weiteres ihren Ablauf ändern. Ihr Interesse gilt der Ästhetik, der Symmetrie und den Formen. Kreativität ist ihnen wichtig. Sie zeigen einen offenen, forschenden Lehrstil, begeistern sich und legen Wert auf Originalität, Flexibilität und Harmonie mit anderen.

NT-Lehrer interessieren sich für Ideen, Theorien und Konzepte. Sie können eine Unmenge von Informationen ordnen und verarbeiten. NT-Typen nehmen sich Zeit für Planung und bedenken Konsequenzen. Sie wägen Tatsachen und Risiken gegeneinander ab und urteilen auf Grund rationaler Überlegungen. NT-Typen lernen aus Büchern und anhand symbolischer Formen und beherrschen Abläufe, die analytisches Denken erfordern. NT-Lehrer bevorzugen einen Lehrstil des Verstehens. Gedanklich, analytisch, auf Weitblick bedacht, bemühen sie sich um die Ausführung gut durchdachter Pläne.

Diese variierenden Stile münden in ganz unterschiedliche Unterrichtsmuster. Entsprechende Aktivitäten für den Unterricht können je nach Bedarf entwickelt werden.

Wer die Präferenzen des jeweiligen Persönlichkeitstyps in den Unterricht einbezieht, versteht besser die Motivation von Schülern und ihren Blockaden, wenn es auf akademische Leistung ankommt. Typenklassifizierung kann auf die folgenden drei Aspekte von Leistungsanforderung im Ausbildungsbereich angewendet werden: Begabung, Umsetzung und Interesse.

So steht zum Beispiel eine Präferenz für Innenorientierung/I (Interesse für Konzepte und Ideen) und eine Präferenz für intuitive Wahrnehmung/N (Interesse für Symbole, Vorstellungskraft und Theorie) in direktem oder indirektem Verhältnis zur akademischen Leistung des Einzelnen. Wer eine Präferenz für Beurteilung hat, ist – anderer Dinge ungeachtet – eher bereit, sich einer gestellten Aufgabe zu widmen, auch wenn diese nicht so interessant sein mag.

Die Anwendung der Typentheorie soll dazu führen, eine Lernumgebung zu schaffen, die Kreativität und Ergebnisorientierung im Ausbildungswesen fördert.

7.4 Beratung

Der Profiler wird in einem weiten Spektrum von Beratungsangeboten eingesetzt: in der Studienberatung, Berufsberatung (darauf gehen wir im nächsten Abschnitt etwas näher ein), Ehe- und Familienberatung und im weiten Feld der Lebensberatung.

Wie leicht man „am Typ vorbei" beraten kann zeigt die Erfahrung einer Frau. Sie berichtet: Als sie als extravertierter Typ in Scheidung lebte, suchte sie Rat bei einem Psychologen. Der – ein introvertierter Typ! – empfahl ihr, sich für ein Wochenende zurückzuziehen – allein und sie solle sich nichts konkretes vornehmen. Sie brauche Ruhe, meinte er, um ihre Angelegenheiten einmal in aller Ruhe durchdenken und reflektieren zu können. Der Berater hatte sich keine Vorstellung davon gemacht, dass er sie damit in eine Folterkammer schickte statt in eine Oase. Was für einen introvertierten Typ Zufluchtsort bedeutet, ist für einen extravertierten Typ ein Gefängnis.

In vielen Beratungsbereichen werden die Weichen in der ersten Phase gestellt, wenn es darum geht, individuelle Präferenzen zu verstehen und anzunehmen. Viele Berater benutzen gewisse Techniken oder Testbatterien im Verlauf ihrer Beratung. Der Profiler entspricht in diesem technischen Sinn einem Instrument für Interessenfragebögen. Berater benutzen den Profiler gern zu Beginn ihrer Beratung, weil er einen wichtigen Akzent setzt: Er vermittelt den Klienten ein Selbstwertgefühl und lenkt die Aufmerksamkeit auf persönliche Qualitäten.

Klienten kann man zu Beginn darauf hinweisen, dass es eine entlastende Erfahrung ist, etwas über Typen, über eigene Präferenzen und die der anderen zu erfahren. Entlastend insofern, als man seine natürlichen Präferenzen bewusst wahrnimmt und den eigenen Resourcen für Wachstum und Veränderung vertrauen lernt.

Ausgelöst wird der Wunsch nach Beratung bei vielen dadurch, dass sie eine längere und frustrierende Erfahrung im Zusammenleben mit anderen Menschen gemacht haben. Wenn sie dann auf Grund ihrer Präferenzen eigene positive Eigenschaften erkennen, wird Hoffnung geweckt. Erklärt man dem Klienten oder der Klientin die Typentheorie, erscheinen Probleme und Schwierigkeiten oft in einem anderen Licht. Man erkennt, dass Probleme vielleicht die Folge davon sind, dass nicht-bevorzugte Funktionen gegenüber bevorzugten vernachlässigt worden sind. Nun kann den Klienten ein Entwicklungsmodell vorgestellt werden, in dem sie ihre Probleme aus einer neuen Perspektive sehen und bewusst eigene Kräfte und Kapazitäten mobilisieren können – und zwar nicht nur im Bereich der bevorzugten, sondern auch der nicht-bevorzugten Funktionen. Ein Intuitiver (N) erkennt zum Beispiel, dass seine Vorstellung von der Zukunft zwar wertvoll ist, er dabei aber gegenwärtige Realitäten übersieht, denen er nun größerer Aufmerksamkeit schenken muss. Jemand, der bevorzugt über seine fünf Sinne (S) wahrnimmt, erkennt, dass seine spezifische Art, mit den alltäglichen Realitäten fertig zu werden, durchaus wertvoll sind. Wenn er aber lernt, seine Intuition einzusetzen, werden sich ihm mehr praktische Möglichkeiten im Alltag auftun.

Der Berater wird bei Klienten, die ihre Präferenzen korrekt berichtet haben, eine spürbare Erleichterung feststellen, wenn sie ihre Typenbeschreibung lesen. Solche Klienten werden bereitwillig die entsprechenden Aspekte ihres Typs bestätigen und ohne weiteres die negativen Seiten ihre Typs in einer nicht-defensiven Weise ins Gespräch bringen. Die negative Seite ist lediglich das Gegenüber der ausgeprägten Stärken.

Wenn Typentheorie in der Beratung eine Rolle spielen soll, wird der Berater bzw. die Beraterin erfahrungsgemäß auf folgende Schritte achten müssen:

Im ersten Schritt ist es vor allem wichtig, möglichst exakt die Typenpräferenzen eines Klienten oder einer Klientin zu bestimmen. Der Profiler ist zwar ein sehr zuverlässiges Instrument, die Ergebnisse des Fragebogens müssen aber unbedingt an der Erfahrung der Klienten verifiziert werden.

Fragen Sie Klienten, ob gewisse Merkmale eines berichteten Typs auf sie zutreffen oder nicht. Halten Sie die Aspekte fest, die eindeutig *bestätigt* werden.

Akzentuieren Sie das ausdrücklich, *was der Person nicht entspricht.*

Wenn ein Klient Zweifel daran haben, ob die berichteten Präferenzen richtig sind, hören Sie aufmerksam auf den Ton, in dem er über seine Erfahrungen berichtet. Wenn Erfahrungen beschrieben werden, die mit einer „richtigen" Präferenz in Verbindung gebracht werden, äußert sich ein Klient gewöhnlich zufrieden, so als ob er das als selbstverständlich hinnimmt. In dieser Phase sind Klienten gewöhnlich motiviert. Erfahrungen in nicht-bevorzugten Funktionen werden oft mit Anstrengung, Mühe und Unbehagen in Verbindung gebracht. Erfahrungen dieser Art sind ermüdend und können oft deprimierend sein.

Gewöhnlich werden die tatsächlichen Präferenzen der Klienten sehr früh im Beratungsprozess validiert. In Einzelfällen wird eine Präferenz während des ganzen Prozesses unklar bleiben. Berater und Klient verabreden dann, mit dem zu arbeiten, was geklärt ist, und das Unklare im weiteren Verlauf zu prüfen.

Wie erwähnt, wird der Profiler in verschiedenen Szenarios eingesetzt. Entsprechend dem Umfeld geht es im Beratungsprozess um ein Bewusstmachen von Prozessen, indem man auf Typen*entwicklung* achtet und auf Wahrnehmungs- und Entscheidungsvorgänge, sowie Einstellungen bewusst eingeht. Interventionen seitens der Beraterin oder des Beraters sind abhängig von der Art der Beratung und von den Bedürfnissen der Klienten.

7.5 Berufsberatung – Welcher Beruf für welchen Typ?

Bei einer Berufswahl spielen sehr unterschiedliche Gründe eine Rolle. Für den einen muss die Tätigkeit eine Herausforderung sein. Ein anderer erwartet vor allen Dingen eine gute Bezahlung. In einem anderen Fall ist der Ort ausschlaggebend. Andere Gründe können ebenso gewichtig sein: wie Familiengeschichte, Einfluss eines Lehrers oder einer Lehrerin, oder der Wunsch zu helfen, viel Freizeit haben oder möglichst mit netten Kollegen und Kolleginnen zusammen sein.

Die Theorie des Profiler geht davon aus, dass eine wesentliche Motivation für die Berufswahl das Verlangen ist, eine Arbeit zu finden, die interessant ist und Befriedigung bringt. Für jeden Typus sieht das anders aus, wie wir im Folgenden zeigen:

7.5.1 Personen, die bevorzugt über ihre fünf Sinne wahrnehmen (S-Typen)

Für S-Typen ist Handeln wichtig. Sie sind bestrebt, Dinge hier und jetzt zu erledigen – ohne unnötige und zeitaufwendige Überlegungen. Sie erkennen einen Handlungsbedarf und wollen die Sache ohne Umschweife anpacken. Am Handeln misst der S-Typ, ob sich jemand einer Sache verpflichtet weiß oder nicht. Ein S-Typ ermittelt den Erfolg eines Tages an dem, was er erledigt hat. Deshalb ist es eine Befriedigung für ihn, wenn er jede Gelegenheit konstruktiv ausnutzen kann, die der Tag bietet. S-Typen bevorzugen einen direkten, praktischen und konkreten Zugang zum Leben und Beruf.

Grundsätzlich ist der S-Typ ein Macher. Entschlossen, fähig sich zu helfen – so erscheint sein Verhalten. Er kann scheinbar unüberwindliche Hindernisse bezwingen und eine weites Spektrum von Projekten und Aufgaben bewältigen, solange die Aufgaben geordnet sind und in einer Folge ausgeführt werden können. Man hat den Eindruck, dass er ein unglaubliches Arbeitspensum erledigen kann.

Wenn es um ein neues Projekt oder ein geschäftliches Unternehmen geht, neigen S-Typen dazu, sich selbst und andere zu fragen „Funktioniert es? Wenn ja, wie?“ Sie wagen sich an ein Unternehmen heran oder lassen sich auch zuversichtlich auf Vorbereitungsphasen ein, wenn sie sich selbst bewiesen haben, dass der vorgeschlagene Plan Erfolgschancen hat. Wenn sie eine Handlungsanweisung nicht ganz konkret verstehen können (wer was wie und warum tun wird – und wie der Erfolg kontrolliert werden kann), werden sie Schwierigkeiten damit haben oder die Sache ad acta legen.

S-Typen sind nicht so gut, wenn es um konzeptionelle und theoretische Grundlagen geht. Sie bevorzugen sofort zugängliche, direkte, persönliche Erfahrung.

Wenn zum Beispiel jemand über einen vielleicht wichtigen Durchbruch für ein Computersystem berichtet, fragt ein S-Typ „Kann man es auf eine Diskette bringen und verkaufen?"

S-Typen erscheinen entscheidungsfreudig. Handeln ist für sie der vorrangige Weg, sich abzureagieren oder Zeitverschwendung zu vermeiden. Wenn sie in ihrer Umgebung Unentschlossenheit wahrnehmen, wollen sie sofort etwas tun und möchten handeln, auch wenn es nur ein Probelauf ist.

Sie neigen dazu, Fortschritt am sichtbaren oder auswertbaren Ergebnis zu messen. Das heißt, sie orientieren sich an Faktoren wie Verkaufszahlen, vierteljährliche Gewinne, wie hoch die Ausfallquoten waren und Ähnlichem. Spekulative und theoretische Kriterien sind ihnen suspekt.

S-Typen fühlen sich eher zu Berufen hingezogen, die etwas mit Buchhaltung, Medizin, Polizei, Militär, Landwirtschaft, Handwerk, Technik, Bankgewerbe, Finanzen, Gesundheitswesen, Maklergeschäften, Lehramt (Grundschule) u. Ä. zu tun haben.

7.5.2 Personen, die bevorzugt über ihre Intuition wahrnehmen (N-Typen)

N-Typen betonen Ideen, Innovationen, Konzepte, Theorien und langfristiges Denken. Ihre Befriedigung finden sie in der Welt der tausend Möglichkeiten. Ihre Vorstellungsfähigkeit wirkt oft wie ein Katalysator auf Menschen in ihrer Umgebung. N-Typen wirken herausfordernd. Dabei zeigen sie keine negative oder feindliche Einstellung, sondern sie schätzen kritisches Testen und Prüfen.

Für N-Typen ist es stimulierend und persönlich fruchtbar, wenn sie als Problemlöser fungieren können. Lösungen umzusetzen, liegt ihnen nicht so sehr. Sie sind Ideenentwickler.

Unter intuitiv wahrnehmenden Menschen findet man häufig Psychologen, Sozialwissenschaftler, Forscher, Künstler und Leute im Show-Geschäft, Kunstlehrer, Hochschullehrer, Schriftsteller, Journalisten, u. Ä. Unabhängig vom Beruf finden N-Typen ihre Anregungen über intellektuelles und kreatives Problemlösen.

Typisch für sie – und dafür sind die bekannt – ist ein schnelles und *tiefes* Denken. Dabei entwickeln sie bemerkenswerte Vorstellungen. Sie neigen dazu, sich selbst und andere zu hinterfragen. Daher kommt es, dass sie die Dinge, wie sie im Augenblick sind, nicht als allzeit gültig hinnehmen. N-Typen legen oft eine unheimlich wirkende Fähigkeit an den Tag, etwas im Voraus zu ahnen oder zu projizieren, etwas zu „wissen", bevor andere es wissen. Und so entwickeln sie gute visionäre Fähigkeiten und können Beziehungen zwischen Objekten und Ideen erkennen.

N-Typen zeigen ein außergewöhnliches Interesse für Konfliktfelder und theoretische Möglichkeiten. Auf andere Menschen wirkt dies so, als ob sie sich nicht gut festlegen können. Andere hört man über Intuitive sagen, dass sie in ihrer eigenen Welt zu leben scheinen.

N-Typen können eher als andere Typen Unordnung und Chaos einfach als eine Tatsache akzeptieren, die zum Leben gehört. Sie trauen sich zu, Zusammenhänge und Bedeutung von Ereignissen zu verstehen.

N-Typen betrachten die Welt aus einer Weitwinkelperspektive. Selbstbewusst gehen sie von ihrer Fähigkeit aus, Beziehungen und Zusammenhänge zwischen ungleichen und abstrakten Teilen zu erkennen. Sie neigen zum Vorurteil über andere, die eher am Hier und Jetzt und an den Einzelheiten interessiert sind. Sie behaupten dann, diese würden die „wahre" Bedeutung der Dinge nicht begreifen.

N-Typen entwickeln Ressentiments, wenn sie sich in einer Situation vorfinden, in der sie sich eingegrenzt fühlen oder sich in einer strukturierten und vorbestimmten Weise verhalten und denken müssen. Sie entwickeln gern aus Unordnung Ordnung. Integration ist ihre Stärke. Sie bevorzugen Situationen, die von ihnen eine langfristige Perspektive abverlangen.

Mit Begeisterung „deuten" sie Dinge. Dabei leistet ihnen ihre Vorstellungskraft gute Dienste. Was sie selbst für real halten, beurteilen andere oft als unwirklich und bisweilen unpraktisch.

Im gesellschaftlichen Leben begegnet man intuitiven Typen oft in Vorständen, in Arbeitsgruppen, Planungsgruppen oder in der Leitung einer Agentur. In diesen Positionen kann der N-Typ dazu beitragen, dass Probleme identifiziert, Leitbilder geklärt, Programme entwickelt werden, Themen eine Rangordnung bekommen, eine Kampagne koordiniert wird und Bemühungen bzw. Kräfte unterschiedlicher Gruppen oder Parteien zusammengebracht werden.

7.5.3 Personen, die bevorzugt analytisch entscheiden (T-Typen)

Personen, die bevorzugt analytisch entscheiden betonen Logik und Denken. Sie sind die geborenen Systemüberprüfer. Sogenannte „Denk-Typen" identifizieren gern Probleme und entwickeln dazu mehrere mögliche Lösungen, wägen diese sorgfältig ab und testen, um *den* logisch-systematischen Lösungsweg herauszufinden, dem sie dann auch folgen.

Eine ruhige, beharrliche Art ist typisch für sie. Sie verlassen sich auf ihre Beobachtungen und rationale Prinzipien und vermeiden alles, was auf Vermutungen basiert. Sobald Neuerungen vorgeschlagen und bewährte Pfade verlassen werden sollen, treten sie als die bekannten Skeptiker in Erscheinung. Sie bestehen darauf, dass neue Ideen, Pläne oder Programme gründlich analysiert, getestet und im Licht anderer möglicher Alternativen ausgewertet werden.

T-Typen stehen oft ihren eigenen Spontanreaktionen und -formulierungen wie auch denen der anderer skeptisch gegenüber. Deshalb brüten sie lieber über einer neuen Idee und wägen sie sorgfältig ab, bevor sie einen Standpunkt beziehen oder sich auf ein Projekt einlassen. Analytische Typen vermeiden voreilige Schlussfolgerungen und lassen sich nicht so einfach von einer augenblicklich misslichen Lage zur Handlung verleiten.

Man kann sie als „zuverlässige Produzenten" bezeichnen, d. h., als solche, die schlüssige Ergebnisse abliefern. Man schätzt sie auf Grund ihrer Klugheit und durchdachten Analyse. Andere zu begeistern, liegt ihnen nicht so sehr.

T-Typen werden gesucht, wenn Objektivität und nüchternes Überlegen auch unter Druck verlangt wird. Man findet bei ihnen gewöhnlich die hervorragende Fähigkeit, in sich schlüssige Methoden zu entwickeln, die andere Mitarbeiter anwenden können, um Alternativen zu testen und eine logische Selektion vorzunehmen.

Unter analytischen Typen finden sich vor allem Rechtsanwälte, Ingenieure, Physiker, Techniker, Hochschullehrer, Lehrer, Manager im Finanzbereich, Systemanalytiker, EDV-Spezialisten, Rechnungsprüfer und ähnliche Berufe.

7.5.4 *Personen, die bevorzugt auf Grund von Wertvorstellungen entscheiden (F-Typen)*

Bei Personen mit wertorientierter Beurteilung werden Entscheidungen vorrangig von Wertvorstellungen, Prinzipien, soziale Werte und menschlichen Beziehungen bestimmt. Sie halten Sensibilität für wichtiger als Logik. Sie pflegen eine persönliche Umgangsweise und zeigen ein größeres Interesse für Menschen als für Objekte. Wenn man sie vor die Wahl zwischen Taktgefühl und Wahrheit stellen würde, möchten F-Typen lieber taktvoll als wahrhaftig sein. Ihren wichtigen Beitrag leisten sie im sozialen Bereich der Gesellschaft, weil sie loyal die „guten Werke" unterstützen. Im Allgemeinen erleben andere sie als hilfsbereit und großzügig. Sie sind effektiv im Bereich der sozialen Dienstleistungen.

Unter F-Typen findet man häufig Vorschullehrerinnen und -lehrer, Kleriker, Psychologen, Entertainer, Personen im Verkaufsbereich, PR-Fachleute, Krankenschwestern und -pfleger; sie tauchen auf in Bereichen wie soziale Dienste, Beratung u. Ä.

Unabhängig von einem speziellen Beruf fühlen sich F-Typen zu Situationen und Berufen hingezogen, in denen sie mit Menschen zusammenkommen. Soziale und zwischenmenschliche Kontakte sind ihnen wichtig. Man braucht und sucht sie besonders wegen ihrer Fähigkeit zuzuhören, mitzuempfinden und wegen ihrer Geduld und Nachsicht für andere, die sich in Schwierigkeiten und Krisen befinden.

F-Typen erscheinen dynamisch und anregend. Sie verbreiten persönliche Wärme und vermitteln Nähe. Sie sind sensibel für die Bedürfnisse und Wünsche anderer Menschen. Sie merken und erkennen, wenn Reden, äußeres Verhalten und innere Empfindung im Widerspruch zueinander stehen.

Sie sind sensibel, was ihre eigenen Motive und die der anderen angeht. Folglich erlebt man sie oft als besonnen. Man kommt zu ihnen, wenn man komplexe emotionale Probleme besprechen will, wenn man Verhalten deuten oder das Klima in einer Gruppe auswerten möchte. Sie können sehr gut ahnen oder voraussagen, wie andere auf eine geplante Veränderung oder auf eine bestimmte Aktion hin reagieren könnten.

7.5.5 Zusammenfassung: An den Aufgaben wachsen

Jede dieser Präferenzen hat ihre je eigene Wirkung auf die Berufssituation und Berufswahl. Kommen die anderen Dimensionen des Profiler hinzu, wird die differenzierte Vielfalt noch offensichtlicher. So bevorzugen zum Beispiel Extravertierte eine Arbeit, bei der sie ständig mit anderen Menschen zusammenkommen, außerhalb des Büros zu tun haben, keinen festen Arbeitsplatz einhalten und nicht ständig am Schreibtisch sitzen müssen. Auf der anderen Seite bevorzugen Introvertierte eine Arbeit, bei der sie „für sich“ sein können und Zeit für Konzentration finden.

S-Typen suchen einen Beruf, in dem sorgfältige Beobachtung wichtig ist und Details beachtet werden müssen, während Intuitive eher an einer Aufgabe Spaß finden, bei der man komplexe Probleme lösen muss. Wenn jemand Interesse an direkt zugänglichen Erfahrungen zeigt (Sinneswahrnehmung), findet eine solche Person größere Motivation z. B. im Beruf eines Bauingenieurs als in Berufen, in denen Theorie (Motivation für Intuitive!) eine ganz wichtige Rolle spielt wie z. B. wie in der Atomphysik.

Analytische Typen bevorzugen Berufe, in denen sie mit logischen Zusammenhängen zu tun haben – sei es gedanklich, mit Zahlen oder Objekten. Demgegenüber neigen F-Typen zu Berufen, die im Dienstleistungsbereich (mit Menschen) liegen und eine harmonische und bestätigende Arbeitsatmosphäre bieten.

J-Typen (strukturorientierte Einstellung) ziehen Arbeiten vor, die Richtlinien und Ordnung verlangen. Sie treffen gern Entscheidungen, um dann die nächste Aufgabe in Angriff zu nehmen. Dagegen lieben P -Typen (wahrnehmungsorientierte Einstellung) den ständigen Wechsel. Sie passen sich gern einer neuen Situation an und fühlen sich durchaus nicht verunsichert, wenn man eine Angelegenheit offen lässt.

Der Profiler hat sich als ein nützliches Instrument erwiesen, um Einzelnen einen besseren Zugang zu ihren persönlichen Präferenzen zu geben, damit sie ihre natürlichen Fähigkeiten am Arbeitsplatz einsetzen können. Dadurch wird die Gefahr von beruflichem Stress und Burn-out erheblich reduziert.

Besonders hilfreich erweist sich der Profiler, wenn es darum geht, eigene Interessen bewusster wahrzunehmen und eine persönliche Lebensgestaltung zu entwickeln. Theoretisch – davon sind wir in unseren Ausführungen ausgegangen – üben bestimmte Aufgaben und Berufe eine besondere Anziehung auf den jeweiligen Typ aus. Wenn sich Präferenzen und berufliche Aufgaben entsprechen, fühlt sich der Einzelne gewöhnlich angeregt, beflügelt und zufrieden. Wenn die Kompatibilität nicht besonders groß ist, ist die betreffende Person weniger produktiv, fühlt sich gestresst, eingeengt, müde und lebt mit einem Gefühl der ständigen Unzulänglichkeit. Die Theorie sagt, dass Inkompatibilität deshalb Müdigkeit bewirkt, weil es sehr viel anstrengender ist, ständig in einer nicht-bevorzugten Funktion leben zu müssen. Inkompatibilität führt zu Mutlosigkeit, weil das Arbeitsergebnis trotz des hohen Energieaufwandes nicht die Qualität zeigt, die beim Einsatz einer bevorzugten Funktion evident werden würde. Aufgaben, die in einer bevorzugten und entwickelten Funktion erledigt werden, verlangen weniger Aufwand für eine bessere Ausführung. Man ist dann zufriedener.

Der Arbeitsplatz kann ein gutes Übungsfeld für Typenentwicklung werden. Personalleiter können zu Personalentwicklern werden, wenn sie sinnvoll mit den Einsichten der Typentheorie umgehen. Denn sie müssen davon ausgehen, dass jeder Beruf Aufgaben mit sich bringt, in denen man seine nicht-bevorzugten Funktionen einsetzen muss. Realistisch können sie darin eine Herausforderung für den Mitarbeiter sehen, ohne dass sie Spitzenergebnisse erwarten. So kann zum Beispiel ein analytischer Typ (T) in einer PR-Aufgabe Wertekategorien (F) entwickeln. Ein intuitiver Typ (N) kann in der Produktion seine Sinneswahrnehmung (S) schärfen. Jedoch wird die Personalleitung zweimal darüber nachdenken, ob sie eine wichtige und heikle PR-Aufgabe einem dominanten Analytiker (T) zumutet. Dasselbe gilt für den intuitiven Typ (N) in der Produktion.

Geht man beim Verteilen von Aufgaben bewusst und gezielt mit Präferenzen um, können Einzelne ihre Fähigkeiten entwickeln, ohne dass die Produktivität darunter leidet oder Menschen dauernd unzufrieden sind.

Die meisten Menschen profitieren von Aufgaben, die sie dazu zwingen, sich über eine kurze Zeit mit ihren weniger bevorzugten Funktionen zu beschäftigen. Kaum einer hat das Verlangen, ständig Zeit und Mühe auf die weniger bevorzugten Funktionen zu verwenden – auf Kosten der Hauptinteressen. Wenn in diesem Sinne inkompatible Arbeitsaufträge erledigt werden müssen, empfiehlt es sich, sie als Herausforderungen für die persönliche Entwicklung sehen.

Wenn im Berufsleben „Produktivität“ und „Entwicklung“ Hand in Hand gehen sollen, müssen Anleiter und Planer etwas von Persönlichkeitstypen verstehen. Sie werden schneller und besser verschiedene Kommunikationsmuster erkennen, Strategien für Teamarbeit entwickeln können und die Dynamik zwischenmenschlicher Beziehungen positiv einbeziehen können. Für die Personalleitung sind diese Aspekte von immenser Bedeutung.

7.6 Teamarbeit

Heutzutage sind Arbeitsplätze ohne Teamarbeit nicht mehr vorzustellen. Arbeiten im Team ist zu einem wesentlichen Bestandteil des Berufslebens geworden. Nur wenige Menschen arbeiten noch in völliger Isolation. Es geht darum, die dynamischen Beziehungen zu verstehen, die immer entsteht, wenn Menschen zusammen arbeiten. Wenn man die unterschiedlichen Energien für die gemeinsame Aufgabe nutzbar machen kann, entsteht ein erstaunlicher Synergie-Effekt. Die Mitglieder im Team arbeiten effektiver und sind so leistungsfähiger.

Mit dem Profiler kann man

1. seine persönliche Arbeitsweise reflektieren,
2. die Zusammenarbeit mit Kollegen und Kolleginnen verbessern,
3. Unternehmensziele auf die persönlichen Ziele der Mitarbeiter und Mitarbeiterinnen bzw. persönliche Ziele auf die Ziele des Unternehmens abstimmen. Alle können einen Nutzen davon haben, wenn jeder lernt, effizienter und effektiver zusammenzuarbeiten.

Ebenso wie im Bereich Beratung reagieren Beteiligte meist positiv auf die Typentheorie, weil sie nicht wertend ist und Offenheit und Vertrauen fördert. Bei der Zusammensetzung von Teams ist dies ein besonders kritischer Aspekt. Denn wenn alle im Team die unterschiedlichen Beiträge und charakteristischen Merkmale der anderen wertfrei betrachten lernen und sie als wertvoll annehmen können, entwickelt sich ein besonderer *esprit de corps*. Das Ergebnis ist bessere Kooperation und gesteigerte Leistungsfähigkeit.

Der Profiler unterstützt den Prozess im Team, indem sich die Mitglieder im Team ihrer Unterschiede bewusst werden, die Konsequenzen dieser Unterschiedlichkeiten wahrnehmen und es zu einem Zusammenspiel kommt.

Die Stärke des Teams resultiert aus den Stärken der Typen im Team. Wenn zum Beispiel in einem Team ENFP-Typen dominieren, wird das Team ein ganz bestimmtes Profil haben, und zwar: aktiv innovativ mit großem Interesse für Entwicklung, Kommunikation, offen und rücksichtsvoll im Blick auf andere.

Dagegen sind die Stärken eines Teams mit vorwiegend ISTJ-Typen offensichtlich: „Macher", die organisieren, planen und in der Objektwelt alles Mögliche auf die Beine stellen können.

Wenn kurzfristig fokussierte Ziele erreicht werden sollen, sind homogene Teams (d. h. Teams, in denen die Mitglieder sich ähnlich sind) am leistungsfähigsten: Wenn z. B. die konkrete Aufgabe darin besteht, für ein spezifisches Problem möglichst schnell viele Lösungen zu finden, ohne dass die Vorschläge zunächst kritisch geprüft werden oder darüber entschieden werden soll, beauftragt man eine Gruppe von NP-Typen damit. Wenn es jedoch darum geht, eine Aufgabe so korrekt und schnell wie möglich zu erledigen, wird ein SJ-Team dies am effektivsten erledigen.

Heterogene Teams (d. h. Teams, in denen die Mitglieder sehr unterschiedliche Präferenzen haben) sind besonders leistungsfähig, wenn es um langfristige und komplexe Ziele geht. Die Stärke solcher Teams liegt in ihrer Diversität. Sie stellen das breite Spektrum von Interessen und Überlegungen dar, wie sie im alltäglichen Leben vorkommen.

Je heterogener die Zusammensetzung eines Teams ist, umso mehr Zeit braucht es, sich zu finden und zu organisieren. Die Mitglieder müssen zuerst auf einen gemeinsamen Nenner kommen, bevor sie sich produktiv an die Arbeit begeben können. Sobald sich eine heterogene Gruppe stabilisiert hat und ein Team wird, wird gerade die Stärke der unterschiedlichen Perspektiven sich als Vorteil für eine komplexe Aufgabenstellung erweisen.

Auf der anderen Seite braucht ein Team nicht so viel Zeit zur Teamfindung, je homogener die Zusammensetzung ist. Im homogenen Team kann man den „blinden Fleck" exakt an den fehlenden Typen in der Gruppe festmachen. Die nicht vorhandenen Typen sind die Grenze des Teams.

Wenn die Zusammenstellung eines Teams geändert werden soll, muss Folgendes geklärt werden:

1. welche Ziele oder welche Aufgaben das Team hat,
2. welche Persönlichkeitstypen sich zurzeit im Team befinden,
3. wie der Prozess ablaufen soll, in dem neue Mitglieder hinzukommen, Teammitglieder ersetzt oder abgezogen werden müssen.

Ziele oder Aufgaben werden die Zusammensetzung eines Team bestimmen. Es empfiehlt sich, zunächst das „ideale" Team für die vorgegebenen Aufgaben zu bestimmen. Wenn man dann die vorhandenen Typen im Team überschaut, können passende oder nicht-passende Typen identifiziert werden.

Im Prozess einer Teamumstellung kann Typentheorie wieder hilfreiche Einsichten vermitteln: Zum Beispiel wird sich ein Team von vorwiegend ISTJ-Typen aller

Voraussicht nach heftiger gegen Veränderungen wehren als ein Team mit vorwiegend ENFP-Typen. Kennt man die Zusammensetzung eines Teams und die Typentheorie, wird man ein entsprechendes Konzept entwerfen können, damit ein Team bei der Veränderung kooperieren kann.

In einem Team wirken Funktionen und Einstellungen der Mitglieder in einer komplexen und dynamischen Weise mit und aufeinander. Wir veranschaulichen die Dynamik in folgender Übersicht:

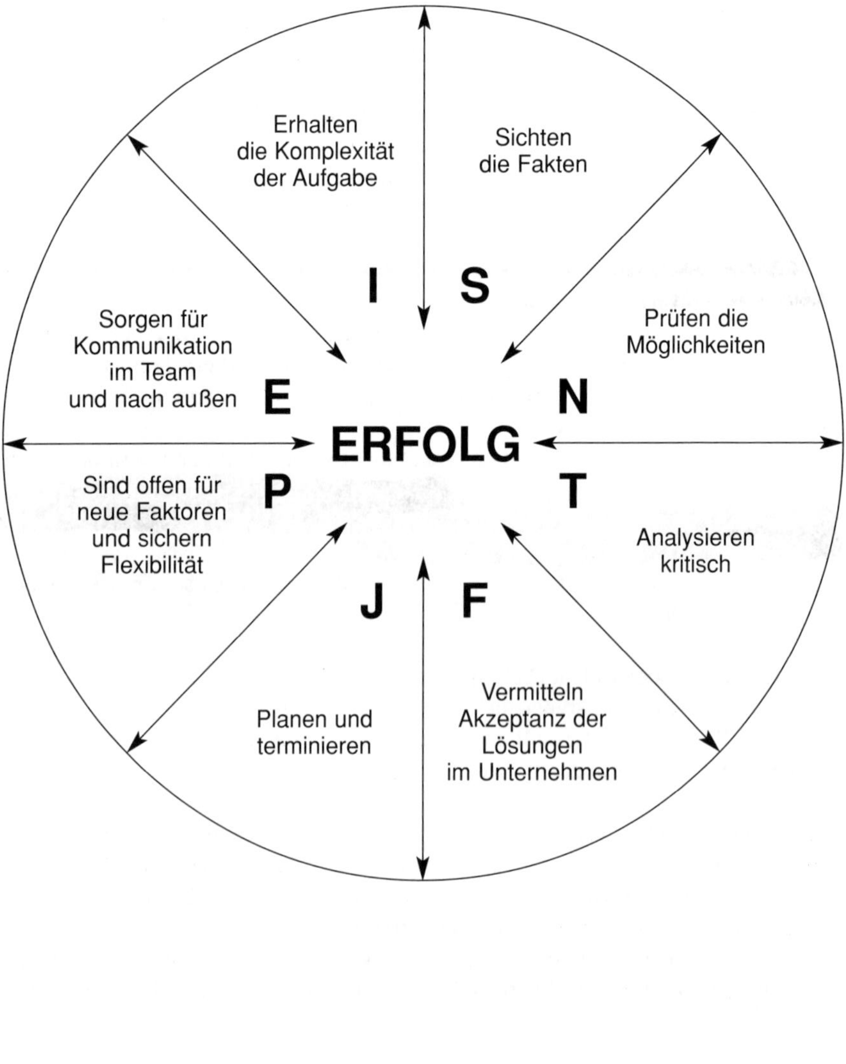

7.7 Beziehungen

Gegensätze ziehen sich an – so sagt man. Dies trifft zumindest auf die erste Phase einer Beziehung zu, wenn jemand von seinem „Gegensatz“ angezogen wird. Aufregung und „Wallungen“ lassen sich darauf zurückführen, wenn sich zwei sehr verschiedene Personen begegnen. Es entwickelt sich eine energiegeladene Beziehung mit einer gehörigen Portion potenzieller Probleme.

Erster Anlass für die Beschäftigung mit dem Profiler ist für viele zunächst ihre Berufslaufbahn, eine Führungsaufgabe oder auch eine Beratungssituation gewesen. Dann sieht man sehr schnell, wie man die Erkenntnisse auch auf andere Lebensbereiche übertragen kann. Mehr und mehr Menschen werten den Profiler für sich persönlich, insbesondere für ihre privaten Beziehungen aus.

Wenn Sie als extravertierte Frau mit einem introvertierten Partner zusammenleben, stellen Sie sehr bald fest, dass Sie beide Ihre Energien aus sehr unterschiedlichen Quellen speisen. An einem Abend kommen Sie von der Arbeit nach Hause und freuen sich darauf, mit Ihrem Partner über den Tag zu sprechen, Freunde anzurufen oder auszugehen. Der innenorientierte Partner möchte aber viel lieber allein sein, fernsehen, einen Spaziergang machen oder Zeit zum Nachdenken haben.

Allein die Wahrnehmung und das Zugeständnis, dass Sie *andere* Energiequellen haben, kann Spannungen reduzieren und zu einem Kompromiss führen. So können Sie zum Beispiel Ihrem Partner vor dem Abendessen und dem gemeinsamen Gespräch eine Stunde für sich zugestehen.

Eltern mit ESFP-Präferenzen lernen, die Tendenz ihres INTJ-Sprösslings zu akzeptieren und zu tolerieren, wenn er sich stundenlang auf sein Zimmer zurückzieht.

In vielen Familien stellen Eltern fest, dass ihre Kinder besondere Gaben haben, die nicht immer mit ihren eigenen korrespondieren.

Als meine eigene Tochter entdeckte, dass sie die einzige S-Person in einer von N-Typen dominierten Familie ist, meinte sie: „Jetzt verstehe ich, warum ich von euch nie konkrete Antworten bekomme ... Es liegt euch einfach nicht!“ Unsere Gespräche sind seitdem fruchtbarer. Wir versuchen konkreter zu sein, und sie versucht, unsere allgemeinen Äußerungen zu verstehen.

Das Typische wirkt sich auf alle Bereich aus, in denen Menschen miteinander in Beziehung sind – als Freunde, Liebende, Eltern, Töchter, Söhne, Angestellte, Kollegen, im gesellschaftlichen Leben – also überall dort, wo wir es mit menschlich sozialer Interaktion zu tun haben. Die Typentheorie kann dazu beitragen, dass alle diese Beziehungen befruchtet werden können.

8 Zusammenfassung

Typentheorie kann angewendet werden in Bereichen wie persönliche Beziehungen, Marketing und Verkauf, bei Gruppenbildung, in der Organisationsentwicklung, in Beratung, für Stressreduktion, Kreativität – im Grunde genommen in allen Lebensbereichen.

In Deutschland beginnt man erst jetzt, den Profiler einzusetzen. Die Datenerhebung hat begonnen und im Laufe der nächsten Jahre werden wir Trends und Bevölkerungsnormen feststellen können.

Mit vielen unserer Kolleginnen und Kollegen sind wir von der Integrität des Profiler überzeugt. Der Profiler kann Persönlichkeitstypen präzise identifizieren. Deshalb können wir keinen verkürzten Fragebogen oder ein „Instrument" anbieten, das als populäre Version ausgegeben wird. Dann würde der Profiler zu einem Gesellschaftsspiel verkommen.

Typentheorie vertieft das Verständnis von Persönlichkeit. Der Fragebogen ist empirisch gestützt, so dass er seinen Platz unter anderen psychologischen Fragekatalogen hat. Qualifizierte Anwender sorgen dafür, dass Zuverlässigkeit (Reliabilität) und Gültigkeit (Validität) des Profiler erhalten bleiben.

Sie erhalten von uns eine Liste der qualifizierten Anwender oder Information über Qualifizierungskurse.

Bibliografie

Attems, R. & Heimel, F.; *Typologie des Managers.* Wien: 1991.

Bents, R. & Blank, R.; *M.B.T.I – eine dynamische Persönlichkeitstypologie.* München: 1992.

Bents, R. & Howey, K.; *Staff Development – Change in the Individual.* In: 1981 ASCC Yearbook Staff Development/Organizational Development, Alexandria, Va.: Association for Supervision and Curriculum Development: 1981.

Bents, M. and Bents, R.; *Intuition in Decision Making.* In: Journal of Counseling and Human Service Professions, 1/1986, S. 28–59.

Briggs, K. C. & Briggs Myers, I. (deutsche Bearbeitung Bents, R. und Blank, R.); *Myers-Briggs Typenindikator MBTI, Manual.* Weinheim: 1991.

Dunn, R. & Dunn, K.; *Teaching Students Through Their Individual Learning Styles.* Reston, Va.: 1978.

Eysenck, H. J.; *The Scientific Study of Personality.* London: Routledge and Kegan Paul, 1952.

Geir, J.; *Personal Profile System.* Minneapolis: 1960.

Golden, J. P., Bents, R. & Blank, R.; *Golden Profiler of Personality GPOP* (Deutsche Adaptation des Golden Personality Type Profiler™). Bern: 2004.

Gregorc, D.; *The Learners Dimension.* New York: 1987.

Hirsh, S. K.; *Using the Myers-Briggs Type Indicator in Organizations: A Resource Book.* Palo Alto: 1985.

Jung, C. G.; *Psychologische Typen.* 16. Aufl.; Olten: 1989.

Keirsey, D. & Bates, M.; *Please Understand Me: Character and Temperament Types.* Del Mar, Ca.: 1984.

Kretschmer, E.; *Körperbau und Charakter.* Berlin: 1967.

Kroeger, O. & Thuesen, J.; *Type Talk.* New York: 1988.

Kroeger, O. & Thuesen, J.; *Type Talk at Work.* New York: 1992.

Myers, I. & McCaulley, M.; *Manual: A Guide to the Development and Use of the Myers-Briggs Type Indicator.* Palo Alto, Ca.: 1985.

Myers, I. B. & Myers, P. B.; *Gifts Differing.* Palo Alto: 1980.

Provost, J. A.; *Work, Play, and Type.* Palo Alto: 1990.

Ringenbach, K., & Golden, J.; *The ORA Personality Profiler: Technical Manual.* Mount Loaurel, NJ: Organizational Renewal Associates: 2000

Terry, R.; *Leadership: A Preview of a Seventh View.* Minneapolis, Mn.: 1986.

Wilson Learning; *Social Styles Profiles.* Minneapolis, Mn.: 1989.